기본 연산
Check-Book

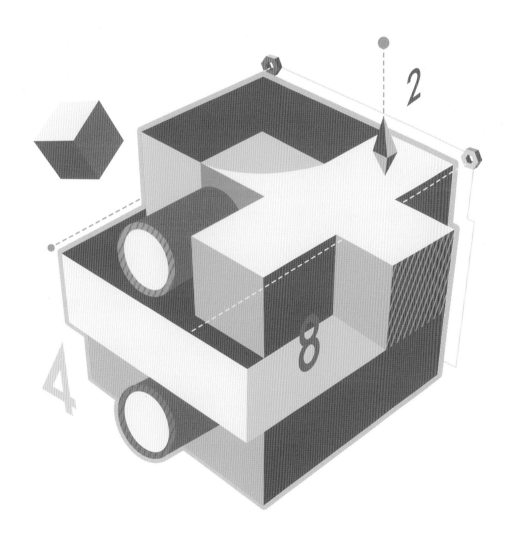

7세 4호

더하기 빼기 1과 2, 10과 20

수 배열표와 덧셈

1주

❶ 1큰수 2큰수

| 12 | | |

10 큰 수

20 큰 수

❷

| 26 | | |

❸

| 4 | | |

❹

| 21 | | |

❺

| 24 | | |

❻

| 11 | | |

❼

| 5 | | |

❽

| 2 | | |

❾

| 19 | | |

❿

| 18 | | |

⓫

| 27 | | |

⓬

| 10 | | |

⓭

| 28 | | |

⓮

| 12 | | |

⓯

| 30 | | |

⑯

	1큰수	2큰수
13		

10 큰 수

20 큰 수

⑰

3		

⑱

8		

⑲

22		

⑳

14		

㉑

15		

㉒

25		

㉓

20		

㉔

7		

㉕

9		

㉖

6		

㉗

23		

㉘

17		

㉙

29		

㉚

16		

❶ $41+1=\boxed{}$ ❷ $15+1=\boxed{}$

❸ $36+1=\boxed{}$ ❹ $29+2=\boxed{}$

❺ $42+2=\boxed{}$ ❻ $21+2=\boxed{}$

❼ $40+10=\boxed{}$ ❽ $25+10=\boxed{}$

❾ $29+10=\boxed{}$ ❿ $26+20=\boxed{}$

⓫ $16+20=\boxed{}$ ⓬ $5+20=\boxed{}$

⓭
$$\begin{array}{r} 49 \\ +\ \ 1 \\ \hline \end{array}$$

⓮
$$\begin{array}{r} 44 \\ +\ \ 2 \\ \hline \end{array}$$

⓯
$$\begin{array}{r} 33 \\ +10 \\ \hline \end{array}$$

⓰
$$\begin{array}{r} 8 \\ +20 \\ \hline \end{array}$$

⓱
$$\begin{array}{r} 45 \\ +\ \ 1 \\ \hline \end{array}$$

⓲
$$\begin{array}{r} 34 \\ +\ \ 2 \\ \hline \end{array}$$

⓳
$$\begin{array}{r} 14 \\ +10 \\ \hline \end{array}$$

⓴
$$\begin{array}{r} 29 \\ +20 \\ \hline \end{array}$$

㉑ 47＋1＝ ☐

㉒ 37＋1＝ ☐

㉓ 30＋1＝ ☐

㉔ 43＋2＝ ☐

㉕ 26＋2＝ ☐

㉖ 16＋2＝ ☐

㉗ 27＋10＝ ☐

㉘ 15＋10＝ ☐

㉙ 6＋10＝ ☐

㉚ 24＋20＝ ☐

㉛ 11＋20＝ ☐

㉜ 20＋20＝ ☐

㉝
```
  3 1
+   1
─────
```
☐

㉞
```
  1 3
+   2
─────
```
☐

㉟
```
  1 8
+ 1 0
─────
```
☐

㊱
```
    9
+ 2 0
─────
```
☐

㊲
```
  3 8
+   1
─────
```
☐

㊳
```
  3 2
+   2
─────
```
☐

㊴
```
  2 3
+ 1 0
─────
```
☐

㊵
```
  2 2
+ 2 0
─────
```
☐

자르는 선

두 수의 합

① 15 2

② 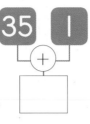 35 1

③  17 20

④ 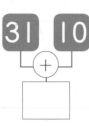 31 10

⑤ 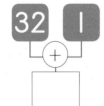 32 1

⑥ 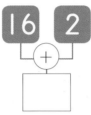 16 2

⑦ 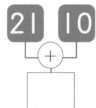 21 10

⑧ 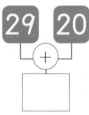 29 20

⑨ 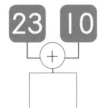 23 10

⑩ 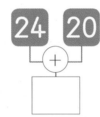 24 20

⑪ 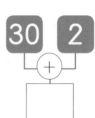 30 2

⑫ 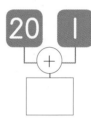 20 1

⑬ 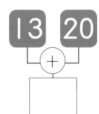 13 20

⑭ 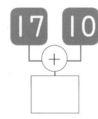 17 10

⑮  22 1

⑯ 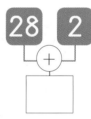 28 2

⑰ 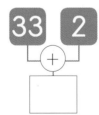 33 2

⑱  27 1

⑲ 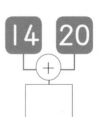 14 20

⑳ 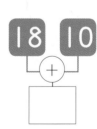 18 10

㉑ 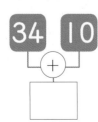 34 10

㉒ 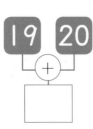 19 20

㉓ 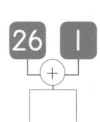 26 1

㉔ 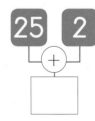 25 2

㉕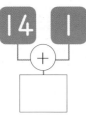

㉖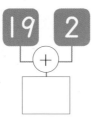

㉗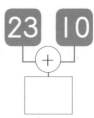

㉘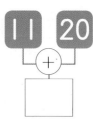

㉙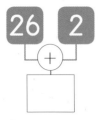

㉚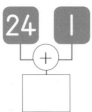

㉛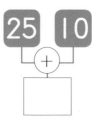

㉜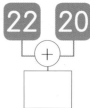

㉝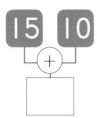

㉞

㉟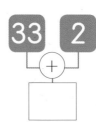

㊱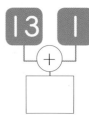

㊲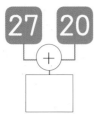

㊳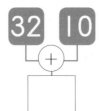

㊴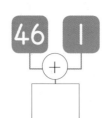

㊵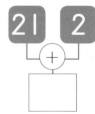

㊶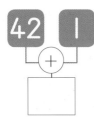

㊷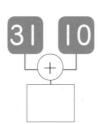

㊸

㊹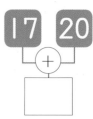

㊺

㊻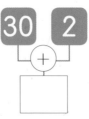

㊼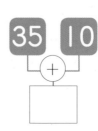

㊽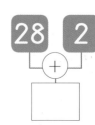

세 수의 합

① $35+1+1=$ ☐

② $12+10+20=$ ☐

③ $15+1+2=$ ☐

④ $23+10+10=$ ☐

⑤ $14+1+20=$ ☐

⑥ $45+1+2=$ ☐

⑦ $30+1+10=$ ☐

⑧ $16+10+2=$ ☐

⑨ $11+2+2=$ ☐

⑩ $26+2+20=$ ☐

⑪ $21+2+10=$ ☐

⑫ $11+2+10=$ ☐

⑬ $15+2+20=$ ☐

⑭ $12+2+2=$ ☐

⑮ $33+10+2=$ ☐

⑯ $22+1+10=$ ☐

⑰ $27+10+10=$ ☐

⑱ $36+1+2=$ ☐

⑲ $13+10+20=$ ☐

⑳ $39+1+1=$ ☐

㉑ $22+1+1=$ ☐

㉒ $39+2+1=$ ☐

㉓ $17+1+2=$ ☐

㉔ $24+10+20=$ ☐

㉕ $28+2+2=$ ☐

㉖ $35+10+2=$ ☐

㉗ $37+10+2=$ ☐

㉘ $47+1+2=$ ☐

㉙ $19+10+1=$ ☐

㉚ $20+20+10=$ ☐

㉛ $29+20+1=$ ☐

㉜ $12+2+20=$ ☐

㉝ $16+20+2=$ ☐

㉞ $27+10+1=$ ☐

㉟ $22+10+10=$ ☐

㊱ $18+20+2=$ ☐

㊲ $34+10+2=$ ☐

㊳ $25+2+20=$ ☐

㊴ $41+2+2=$ ☐

㊵ $44+2+2=$ ☐

자르는 선

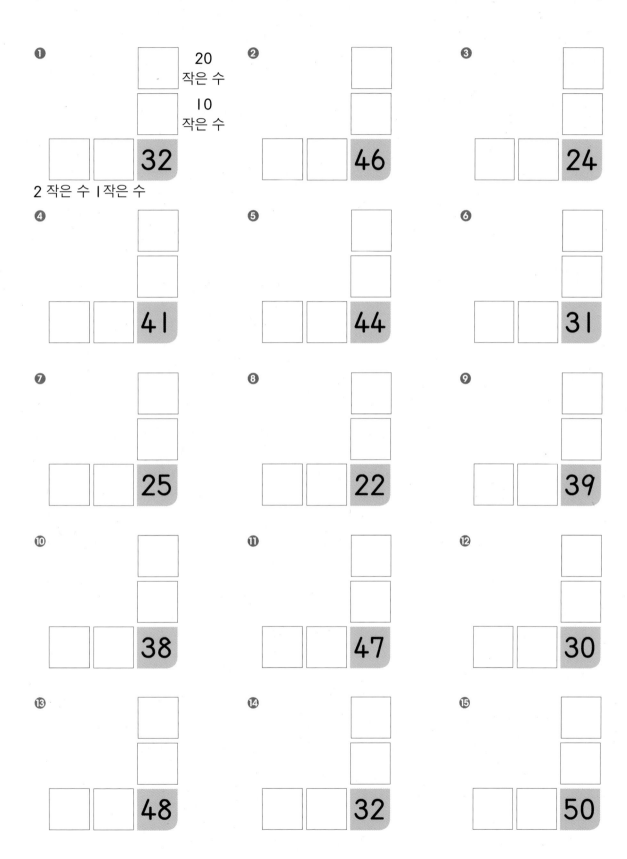

⑯

20
작은 수

10
작은 수

33

2 작은 수 1작은 수

⑰

23

⑱

28

⑲

42

⑳

34

㉑

35

㉒

45

㉓

40

㉔

27

㉕

29

㉖

26

㉗

43

㉘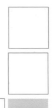

37

㉙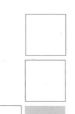

49

㉚

36

자르는 선

① $41 - 1 = \boxed{}$

② $15 - 1 = \boxed{}$

③ $36 - 1 = \boxed{}$

④ $29 - 2 = \boxed{}$

⑤ $42 - 2 = \boxed{}$

⑥ $21 - 2 = \boxed{}$

⑦ $40 - 10 = \boxed{}$

⑧ $25 - 10 = \boxed{}$

⑨ $29 - 10 = \boxed{}$

⑩ $26 - 20 = \boxed{}$

⑪ $46 - 20 = \boxed{}$

⑫ $45 - 20 = \boxed{}$

⑬
$$\begin{array}{r} 49 \\ -\ 1 \\ \hline \boxed{} \end{array}$$

⑭
$$\begin{array}{r} 44 \\ -\ 2 \\ \hline \boxed{} \end{array}$$

⑮
$$\begin{array}{r} 33 \\ -10 \\ \hline \boxed{} \end{array}$$

⑯
$$\begin{array}{r} 48 \\ -20 \\ \hline \boxed{} \end{array}$$

⑰
$$\begin{array}{r} 45 \\ -\ 1 \\ \hline \boxed{} \end{array}$$

⑱
$$\begin{array}{r} 34 \\ -\ 2 \\ \hline \boxed{} \end{array}$$

⑲
$$\begin{array}{r} 14 \\ -10 \\ \hline \boxed{} \end{array}$$

⑳
$$\begin{array}{r} 29 \\ -20 \\ \hline \boxed{} \end{array}$$

㉑ $47 - 1 = \boxed{}$　　㉒ $37 - 1 = \boxed{}$

㉓ $30 - 1 = \boxed{}$　　㉔ $43 - 2 = \boxed{}$

㉕ $26 - 2 = \boxed{}$　　㉖ $16 - 2 = \boxed{}$

㉗ $27 - 10 = \boxed{}$　　㉘ $15 - 10 = \boxed{}$

㉙ $46 - 10 = \boxed{}$　　㉚ $24 - 20 = \boxed{}$

㉛ $41 - 20 = \boxed{}$　　㉜ $40 - 20 = \boxed{}$

㉝
$$\begin{array}{r} 31 \\ -\ 1 \\ \hline \end{array}$$

㉞
$$\begin{array}{r} 13 \\ -\ 2 \\ \hline \end{array}$$

㉟
$$\begin{array}{r} 18 \\ -10 \\ \hline \end{array}$$

㊱
$$\begin{array}{r} 49 \\ -20 \\ \hline \end{array}$$

㊲
$$\begin{array}{r} 38 \\ -\ 1 \\ \hline \end{array}$$

㊳
$$\begin{array}{r} 32 \\ -\ 2 \\ \hline \end{array}$$

㊴
$$\begin{array}{r} 23 \\ -10 \\ \hline \end{array}$$

㊵
$$\begin{array}{r} 22 \\ -20 \\ \hline \end{array}$$

자르는 선

더하기와 빼기

❶ 21+1= ☐

❷ 13−1= ☐

❸ 32+2= ☐

❹ 12−2= ☐

❺ 25+20= ☐

❻ 41−10= ☐

❼ 35+10= ☐

❽ 48−20= ☐

❾ 30+1= ☐

❿ 19−1= ☐

⓫ 38+2= ☐

⓬ 14−2= ☐

⓭
```
  1 8
+   2
─────
```
☐

⓮
```
  4 6
−   2
─────
```
☐

⓯
```
  2 8
+ 1 0
─────
```
☐

⓰
```
  3 9
− 1 0
─────
```
☐

⓱
```
  4 7
−   1
─────
```
☐

⓲
```
  3 1
+   1
─────
```
☐

⓳
```
  1 7
+ 2 0
─────
```
☐

⓴
```
  3 4
−   1
─────
```
☐

㉑ 49−1 = ☐

㉒ 20+1 = ☐

㉓ 12−2 = ☐

㉔ 36+2 = ☐

㉕ 40−10 = ☐

㉖ 38+10 = ☐

㉗ 44−20 = ☐

㉘ 26+20 = ☐

㉙ 19−1 = ☐

㉚ 13+1 = ☐

㉛ 11+2 = ☐

㉜ 50−2 = ☐

㉝
```
   3 7
 −   2
```
☐

㉞
```
   2 3
 +   2
```
☐

㉟
```
   4 3
 − 1 0
```
☐

㊱
```
   1 7
 + 1 0
```
☐

㊲
```
   2 9
 + 2 0
```
☐

㊳
```
   3 8
 − 2 0
```
☐

㊴
```
   3 0
 −   1
```
☐

㊵
```
   4 7
 +   2
```
☐

① $31+1+2=\boxed{}$

② $19-1-1=\boxed{}$

③ $14+1+10=\boxed{}$

④ $25-10-1=\boxed{}$

⑤ $35+2+10=\boxed{}$

⑥ $32-20-2=\boxed{}$

⑦ $40+2+1=\boxed{}$

⑧ $11-2-1=\boxed{}$

⑨ $13+2+10=\boxed{}$

⑩ $24-20-1=\boxed{}$

⑪ $42+1+1=\boxed{}$

⑫ $36-10-2=\boxed{}$

⑬ $17+10+20=\boxed{}$

⑭ $44-20-10=\boxed{}$

⑮ $28+2+2=\boxed{}$

⑯ $18-2-2=\boxed{}$

⑰ $37+10+2=\boxed{}$

⑱ $47-20-20=\boxed{}$

⑲ $13+20+10=\boxed{}$

⑳ $48-10-2=\boxed{}$

㉑ $20+10-1=\boxed{}$

㉒ $29-1+10=\boxed{}$

㉓ $34+10-2=\boxed{}$

㉔ $15-1+20=\boxed{}$

㉕ $30+20-1=\boxed{}$

㉖ $33-2+10=\boxed{}$

㉗ $12+20-2=\boxed{}$

㉘ $21-2+20=\boxed{}$

㉙ $38+10-20=\boxed{}$

㉚ $41-10+1=\boxed{}$

㉛ $27+20-10=\boxed{}$

㉜ $16-10+2=\boxed{}$

㉝ $42+1-10=\boxed{}$

㉞ $39-20+1=\boxed{}$

㉟ $45+2-10=\boxed{}$

㊱ $26-20+2=\boxed{}$

㊲ $40+1-20=\boxed{}$

㊳ $46-20+10=\boxed{}$

㊴ $22+2-20=\boxed{}$

㊵ $49-2+1=\boxed{}$

정 답

1주 수 배열표와 덧셈 1~2쪽

- ❶ 13, 14, 22, 32
- ❷ 27, 28, 36, 46
- ❸ 5, 6, 14, 24
- ❹ 22, 23, 31, 41
- ❺ 25, 26, 34, 44
- ❻ 12, 13, 21, 31
- ❼ 6, 7, 15, 25
- ❽ 3, 4, 12, 22
- ❾ 20, 21, 29, 39
- ❿ 19, 20, 28, 38
- ⓫ 28, 29, 37, 47
- ⓬ 11, 12, 20, 30
- ⓭ 29, 30, 38, 48
- ⓮ 13, 14, 22, 32
- ⓯ 31, 32, 40, 50
- ⓰ 14, 15, 23, 33
- ⓱ 4, 5, 13, 23
- ⓲ 9, 10, 18, 28
- ⓳ 23, 24, 32, 42
- ⓴ 15, 16, 24, 34
- ㉑ 16, 17, 25, 35
- ㉒ 26, 27, 35, 45
- ㉓ 21, 22, 30, 40
- ㉔ 8, 9, 17, 27
- ㉕ 10, 11, 19, 29
- ㉖ 7, 8, 16, 26
- ㉗ 24, 25, 33, 43
- ㉘ 18, 19, 27, 37
- ㉙ 30, 31, 39, 49
- ㉚ 17, 18, 26, 36

2주 더하기 1과 2, 10과 20 3~4쪽

- ❶ 42
- ❷ 16
- ❸ 37
- ❹ 31
- ❺ 44
- ❻ 23
- ❼ 50
- ❽ 35
- ❾ 39
- ❿ 46
- ⓫ 36
- ⓬ 25
- ⓭ 50
- ⓮ 46
- ⓯ 43
- ⓰ 28
- ⓱ 46
- ⓲ 36
- ⓳ 24
- ⓴ 49
- ㉑ 48
- ㉒ 38
- ㉓ 31
- ㉔ 45
- ㉕ 28
- ㉖ 18
- ㉗ 37
- ㉘ 25
- ㉙ 16
- ㉚ 44
- ㉛ 31
- ㉜ 40
- ㉝ 32
- ㉞ 15
- ㉟ 28
- ㊱ 29
- ㊲ 39
- ㊳ 34
- ㊴ 33
- ㊵ 42

3주 두 수의 합 5~6쪽

- ❶ 17
- ❷ 36
- ❸ 37
- ❹ 41
- ❺ 33
- ❻ 18
- ❼ 31
- ❽ 49
- ❾ 33
- ❿ 44
- ⓫ 32
- ⓬ 21
- ⓭ 33
- ⓮ 27
- ⓯ 23
- ⓰ 30
- ⓱ 35
- ⓲ 28
- ⓳ 34
- ⓴ 28
- ㉑ 44
- ㉒ 39
- ㉓ 27
- ㉔ 27
- ㉕ 15
- ㉖ 21
- ㉗ 33
- ㉘ 31
- ㉙ 28
- ㉚ 25
- ㉛ 35
- ㉜ 42
- ㉝ 25
- ㉞ 32
- ㉟ 35
- ㊱ 14
- ㊲ 47
- ㊳ 42
- ㊴ 47
- ㊵ 23
- ㊶ 43
- ㊷ 41
- ㊸ 22
- ㊹ 37
- ㊺ 49
- ㊻ 32
- ㊼ 45
- ㊽ 30

4주 세 수의 합 7~8쪽

- ❶ 37
- ❷ 42
- ❸ 18
- ❹ 43
- ❺ 35
- ❻ 48
- ❼ 41
- ❽ 28
- ❾ 15
- ❿ 48
- ⓫ 33
- ⓬ 23
- ⓭ 37
- ⓮ 16
- ⓯ 45
- ⓰ 33
- ⓱ 47
- ⓲ 39
- ⓳ 43
- ⓴ 41
- ㉑ 24
- ㉒ 42
- ㉓ 20
- ㉔ 54
- ㉕ 32
- ㉖ 47
- ㉗ 49
- ㉘ 50
- ㉙ 30
- ㉚ 50
- ㉛ 50
- ㉜ 34
- ㉝ 38
- ㉞ 38
- ㉟ 42
- ㊱ 40
- ㊲ 46
- ㊳ 47
- ㊴ 45
- ㊵ 48

5주 수 배열표와 뺄셈 9~10쪽

- ❶ 30, 31, 12, 22
- ❷ 44, 45, 26, 36
- ❸ 22, 23, 4, 14
- ❹ 39, 40, 21, 31
- ❺ 42, 43, 24, 34
- ❻ 29, 30, 11, 21
- ❼ 23, 24, 5, 15
- ❽ 20, 21, 2, 12
- ❾ 37, 38, 19, 29
- ❿ 36, 37, 18, 28
- ⓫ 45, 46, 27, 37
- ⓬ 28, 29, 10, 20
- ⓭ 46, 47, 28, 38
- ⓮ 30, 31, 12, 22
- ⓯ 48, 49, 30, 40
- ⓰ 31, 32, 13, 23
- ⓱ 21, 22, 3, 13
- ⓲ 26, 27, 8, 18
- ⓳ 40, 41, 22, 32
- ⓴ 32, 33, 14, 24
- ㉑ 33, 34, 15, 25
- ㉒ 43, 44, 25, 35
- ㉓ 38, 39, 20, 30
- ㉔ 25, 26, 7, 17
- ㉕ 27, 28, 9, 19
- ㉖ 24, 25, 6, 16
- ㉗ 41, 42, 23, 33
- ㉘ 35, 36, 17, 27
- ㉙ 47, 48, 29, 39
- ㉚ 34, 35, 16, 26

6주 빼기 1과 2, 10과 20 11~12쪽

- ❶ 40
- ❷ 14
- ❸ 35
- ❹ 27
- ❺ 40
- ❻ 19
- ❼ 30
- ❽ 15
- ❾ 19
- ❿ 6
- ⓫ 26
- ⓬ 25
- ⓭ 48
- ⓮ 42
- ⓯ 23
- ⓰ 28
- ⓱ 44
- ⓲ 32
- ⓳ 4
- ⓴ 9
- ㉑ 46
- ㉒ 36
- ㉓ 29
- ㉔ 41
- ㉕ 24
- ㉖ 14
- ㉗ 17
- ㉘ 5
- ㉙ 36
- ㉚ 4
- ㉛ 21
- ㉜ 20
- ㉝ 30
- ㉞ 11
- ㉟ 8
- ㊱ 29
- ㊲ 37
- ㊳ 30
- ㊴ 13
- ㊵ 2

7주 더하기와 빼기 13~14쪽

- ❶ 22
- ❷ 12
- ❸ 34
- ❹ 10
- ❺ 45
- ❻ 31
- ❼ 45
- ❽ 28
- ❾ 31
- ❿ 18
- ⓫ 40
- ⓬ 12
- ⓭ 20
- ⓮ 44
- ⓯ 38
- ⓰ 29
- ⓱ 46
- ⓲ 32
- ⓳ 37
- ⓴ 33
- ㉑ 48
- ㉒ 21
- ㉓ 10
- ㉔ 38
- ㉕ 30
- ㉖ 48
- ㉗ 24
- ㉘ 46
- ㉙ 18
- ㉚ 14
- ㉛ 13
- ㉜ 48
- ㉝ 35
- ㉞ 25
- ㉟ 33
- ㊱ 27
- ㊲ 49
- ㊳ 18
- ㊴ 29
- ㊵ 49

8주 세 수의 합과 차 15~16쪽

- ❶ 34
- ❷ 17
- ❸ 25
- ❹ 14
- ❺ 47
- ❻ 10
- ❼ 43
- ❽ 8
- ❾ 25
- ❿ 3
- ⓫ 44
- ⓬ 24
- ⓭ 47
- ⓮ 14
- ⓯ 32
- ⓰ 14
- ⓱ 49
- ⓲ 7
- ⓳ 43
- ⓴ 36
- ㉑ 29
- ㉒ 38
- ㉓ 42
- ㉔ 34
- ㉕ 49
- ㉖ 41
- ㉗ 30
- ㉘ 39
- ㉙ 28
- ㉚ 32
- ㉛ 37
- ㉜ 8
- ㉝ 33
- ㉞ 20
- ㉟ 37
- ㊱ 8
- ㊲ 21
- ㊳ 36
- ㊴ 4
- ㊵ 48

사고셈

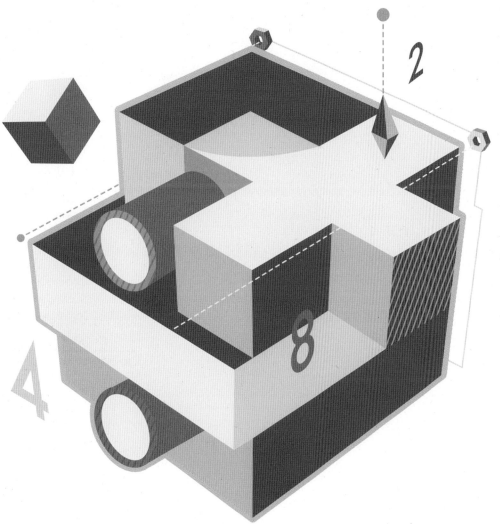

7세 **4호**

이 책의 **구성과 특징**

생각의 힘을 키우는 사고(思考)셈은 1주 4개, 8주 32개의 사고력 유형 학습을 통해 수와 연산에 대한 개념의 응용력(추론 및 문제해결능력)을 키울 수 있도록 하였습니다.

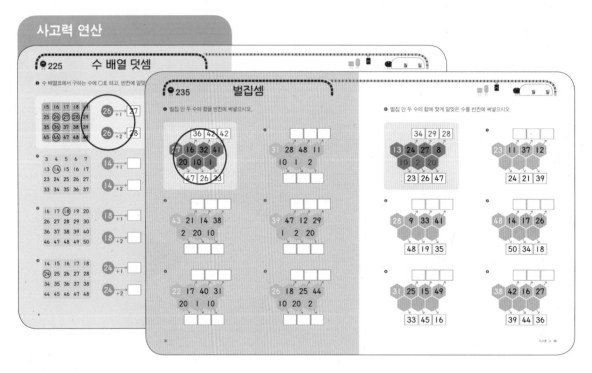

✥ 대표 사고력 유형으로 연산 원리를 쉽게쉽게

✥ 1~4일차: 다양한 유형의 주 진도 학습

잘 공부했는지 알아봅시다.

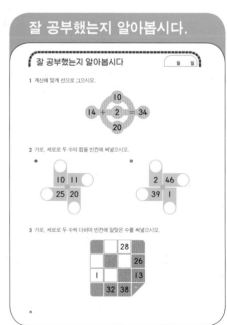

✥ 5일차 점검 학습: 주 진도 학습 확인

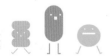

○ 권두부록 (기본연산 Check-Book)

기본연산 Check-Book

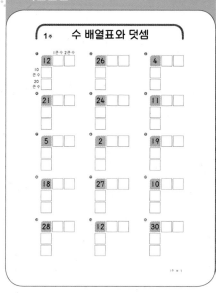

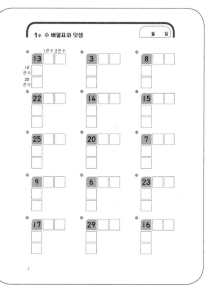

◆ 본 학습 전 기본연산 실력 진단

○ 권말부록 (G-Book)

Guide Book(정답 및 해설)

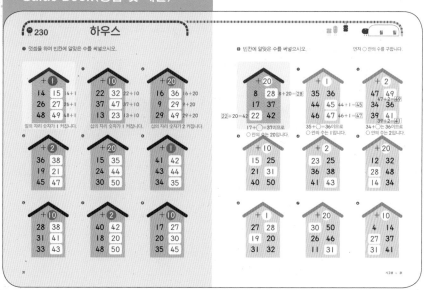

◆ 문제와 답을 한 눈에!

◆ 상세한 풀이와 친절한 해설, 답

학습 효과 및 활용법

학습 효과

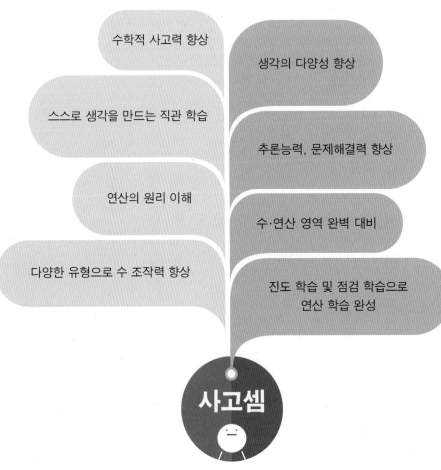

수학적 사고력 향상

생각의 다양성 향상

스스로 생각을 만드는 직관 학습

추론능력, 문제해결력 향상

연산의 원리 이해

수·연산 영역 완벽 대비

다양한 유형으로 수 조작력 향상

진도 학습 및 점검 학습으로
연산 학습 완성

사고셈

주차별 활용법

1단계
기본연산
Check-Book으로
준비 학습

2단계
사고력 유형으로
진도 학습

3단계
마무리 문제로
점검 학습

1단계 : 기본연산 Check-Book으로 사고력 연산을 위한 준비 학습을 합니다.

2단계 : 사고력 유형으로 사고력 연산의 진도 학습을 합니다.

3단계 : 한 주마다 점검 학습(잘 공부했는지 알아봅시다)으로 사고력 향상을 확인합니다.

학습 구성

이 책의 학습 로드맵

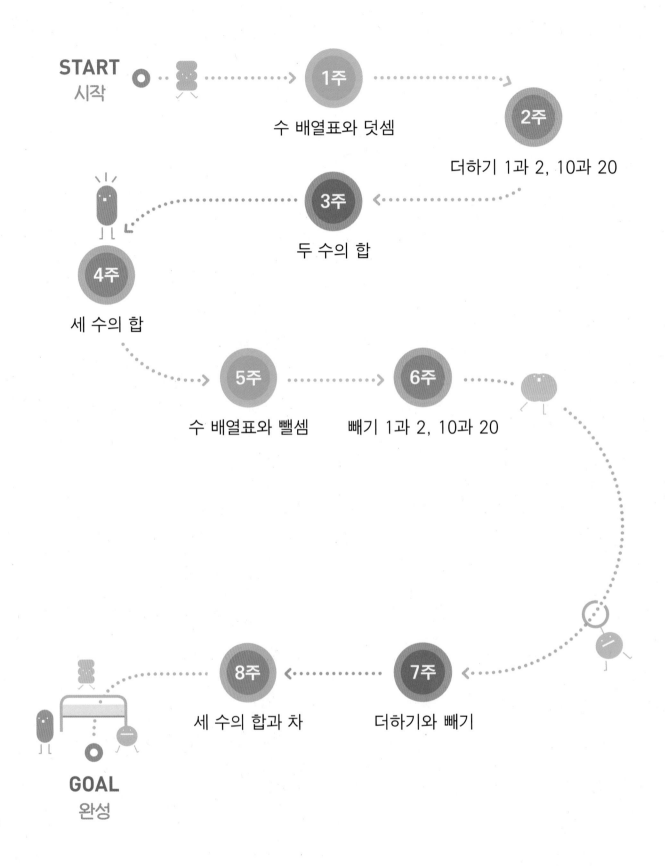

START
시작

1주
수 배열표와 덧셈

2주
더하기 1과 2, 10과 20

3주
두 수의 합

4주
세 수의 합

5주
수 배열표와 뺄셈

6주
빼기 1과 2, 10과 20

7주
더하기와 빼기

8주
세 수의 합과 차

GOAL
완성

1 수 배열표와 덧셈

수 배열 덧셈

● 수 배열표에서 구하는 수에 ○표 하고, 빈칸에 알맞은 수를 써넣으시오.

15	16	17	18	19
25	⑯	㉗	㉘	29
35	㊱	37	38	39
45	㊻	47	48	49

26 —+1→ 27

26 —+2→ 28

26 —+10→ 36

26 —+20→ 46

---

❶

3	4	5	6	7
13	⑭	15	16	17
23	24	25	26	27
33	34	35	36	37

14 —+1→ ☐

14 —+2→ ☐

14 —+10→ ☐

14 —+20→ ☐

---

❷

16	17	⑱	19	20
26	27	28	29	30
36	37	38	39	40
46	47	48	49	50

18 —+1→ ☐

18 —+2→ ☐

18 —+10→ ☐

18 —+20→ ☐

---

❸

14	15	16	17	18
⑳	25	26	27	28
34	35	36	37	38
44	45	46	47	48

24 —+1→ ☐

24 —+2→ ☐

24 —+10→ ☐

24 —+20→ ☐

 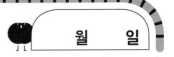
✛ 수 배열표와 식의 빈칸에 알맞은 수를 써넣으시오.

1				
	12	13	14	
	22			
	32	33		35

$$12+1=\boxed{13} \qquad 12+10=\boxed{22}$$

$$12+2=\boxed{14} \qquad 12+20=\boxed{32}$$

❶
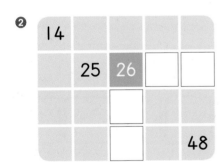

$$21+1=\boxed{} \qquad 21+10=\boxed{}$$

$$21+2=\boxed{} \qquad 21+20=\boxed{}$$

❷
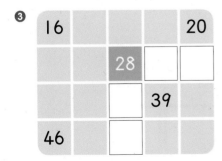

$$26+1=\boxed{} \qquad 26+10=\boxed{}$$

$$26+2=\boxed{} \qquad 26+20=\boxed{}$$

❸

16				20
		28		
			39	
46				

$$28+1=\boxed{} \qquad 28+10=\boxed{}$$

$$28+2=\boxed{} \qquad 28+20=\boxed{}$$

뛰어 덧셈

◑ 조건에 맞게 빈칸에 알맞은 수를 써넣으시오.

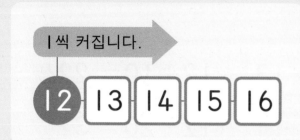

1씩 커집니다.

12 13 14 15 16

❶

1씩 커집니다.

23

❷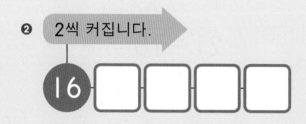

2씩 커집니다.

16

❸

2씩 커집니다.

25

❹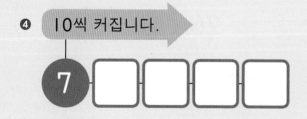

10씩 커집니다.

7

❺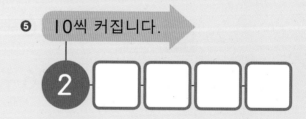

10씩 커집니다.

2

❻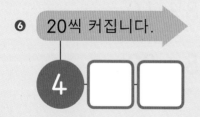

20씩 커집니다.

4

❼

20씩 커집니다.

9

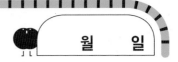
✦ 덧셈을 하여 빈칸에 알맞은 수를 써넣으시오.

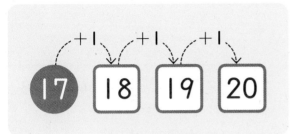

❶
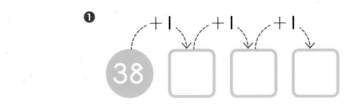

❷
+2   +2   +2

13 □ □ □

❸
+2   +2   +2

24 □ □ □

❹
+10   +10   +10

6 □ □ □

❺
+10   +10   +10

15 □ □ □

❻
+20   +20

8 □ □

❼
+20   +20

2 □ □

수직선

🍀 227

● 수직선의 빈칸에 알맞은 수를 쓰고, 덧셈을 하시오.

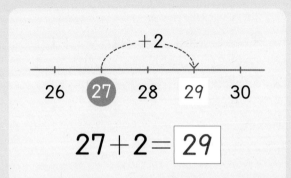

$$27+2=\boxed{29}$$

❶
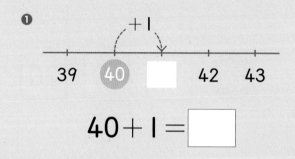

$$40+1=\boxed{}$$

❷
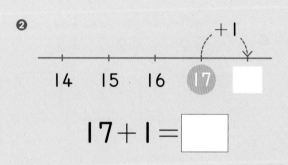

$$17+1=\boxed{}$$

❸
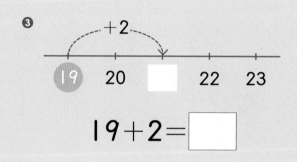

$$19+2=\boxed{}$$

❹
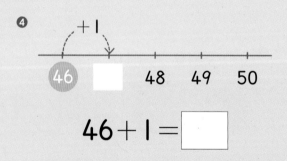

$$46+1=\boxed{}$$

❺
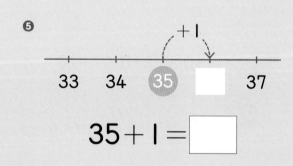

$$35+1=\boxed{}$$

❻
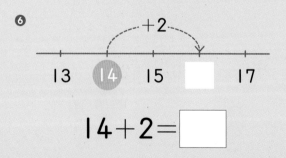

$$14+2=\boxed{}$$

❼
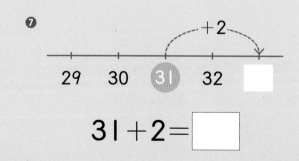

$$31+2=\boxed{}$$

✚ 수직선의 빈칸에 알맞은 수를 쓰고, 덧셈을 하시오.

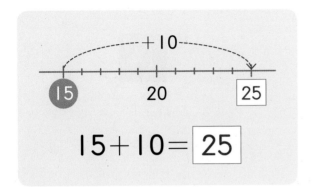

$$15+10=\boxed{25}$$

❶

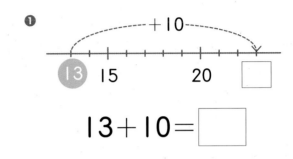

$$13+10=\boxed{}$$

❷

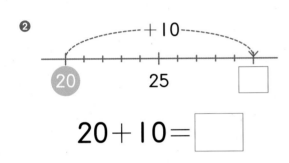

$$20+10=\boxed{}$$

❸

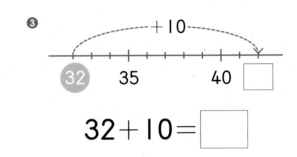

$$32+10=\boxed{}$$

❹

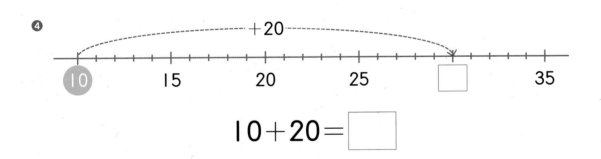

$$10+20=\boxed{}$$

❺

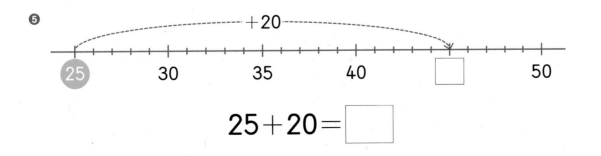

$$25+20=\boxed{}$$

조각셈

● 다음은 수 배열표 조각입니다. 빈칸에 알맞은 수를 써넣으시오.

27	28	29
37		
47		

❶ 6

❷ 14

❸ 3

❹ 31

❺ 19

❻ 25

❼ 35

❽ 28

❖ 덧셈을 하여 빈칸에 알맞은 수를 써넣으시오.

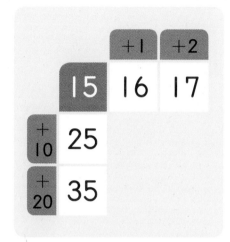

Example:

	+1	+2
15	16	17
+10 → 25		
+20 → 35		

❶

	+1	+2
21		
+10		
+20		

❷

	+1	+2
7		
+10		
+20		

❸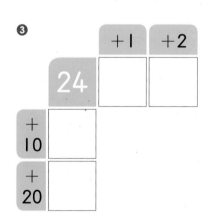

	+1	+2
24		
+10		
+20		

❹

	+1	+2
13		
+10		
+20		

❺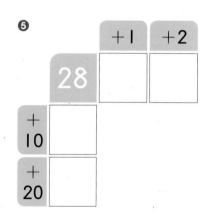

	+1	+2
28		
+10		
+20		

❻

	+1	+2
12		
+10		
+20		

❼

	+1	+2
3		
+10		
+20		

❽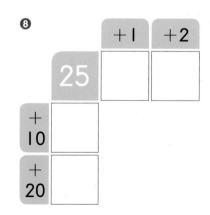

	+1	+2
25		
+10		
+20		

1 덧셈을 하여 빈칸에 알맞은 수를 써넣으시오.

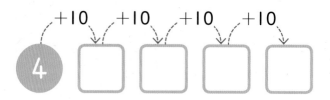

2 수직선의 빈칸에 알맞은 수를 쓰고, 덧셈을 하시오.

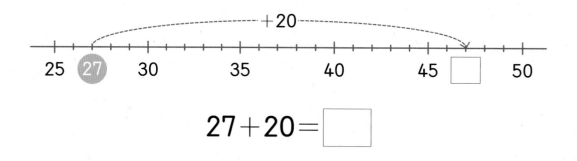

$$27+20=\boxed{}$$

3 수 배열표의 조각의 빈칸에 알맞은 수를 써넣으시오.

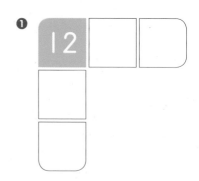

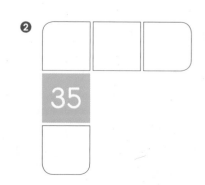

16

2

더하기 1과 2, 10과 20

갈림길

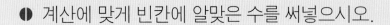

● 계산에 맞게 빈칸에 알맞은 수를 써넣으시오.

10 → (29)
19 + 2 = (21)
20 → (39)

❶
1 → ◯
37 + 10 = ◯
2 → ◯

❷
2 → ◯
25 + 20 = ◯
1 → ◯

❸
20 → ◯
12 + 1 = ◯
10 → ◯

❹
1 → ◯
26 + 10 = ◯
20 → ◯

❺
10 → ◯
29 + 20 = ◯
2 → ◯

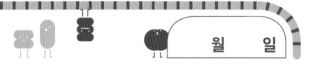

◕ 계산에 맞게 선을 그으시오.

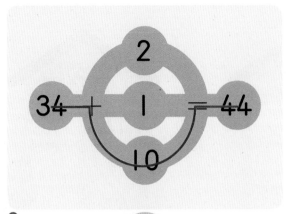

$$34 + 1 = 44$$

❶

$$48 + 10 = 50$$
1
2

❷

$$23 + 20 = 43$$
1
2

❸

$$39 + 1 = 49$$
20
10

❹

$$36 + 10 = 37$$
1
20

❺

$$42 + 2 = 44$$
1
20

❻

$$15 + 10 = 35$$
20
2

❼

$$12 + 2 = 14$$
10
20

하우스

● 덧셈을 하여 빈칸에 알맞은 수를 써넣으시오.

+ ①

14	15
26	27
48	49

❶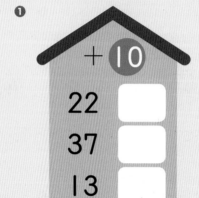

+ ⑩

22	
37	
13	

❷

+ ⑳

16	
9	
29	

❸

+ ②

36	
19	
45	

❹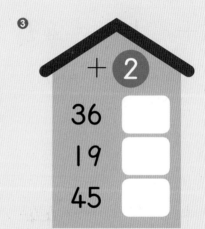

+ ⑳

15	
24	
30	

❺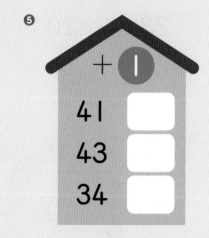

+ ①

41	
43	
34	

❻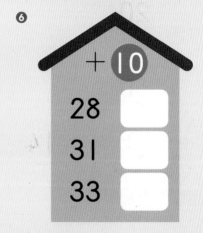

+ ⑩

28	
31	
33	

❼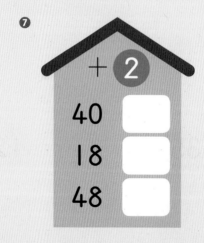

+ ②

40	
18	
48	

❽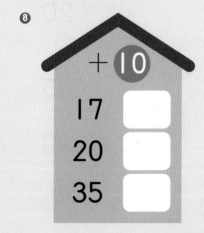

+ ⑩

17	
20	
35	

⊕ 빈칸에 알맞은 수를 써넣으시오.

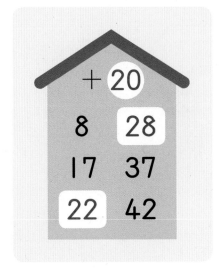

+ 20
8   28
17   37
22   42

❶
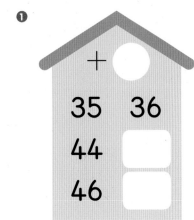
+ ○
35   36
44
46

❷
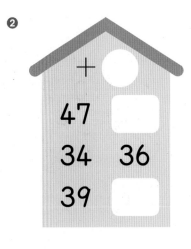
+ ○
47
34   36
39

❸
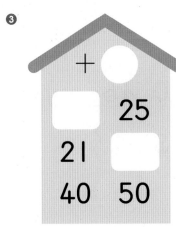
+ ○
□   25
21   □
40   50

❹
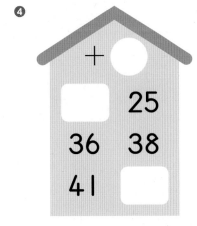
+ ○
□   25
36   38
41   □

❺
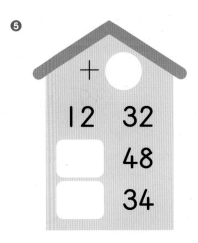
+ ○
12   32
□   48
□   34

❻
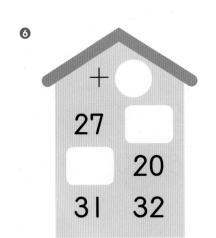
+ ○
27   □
□   20
31   32

❼
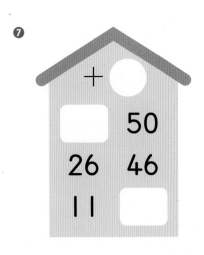
+ ○
□   50
26   46
11   □

❽
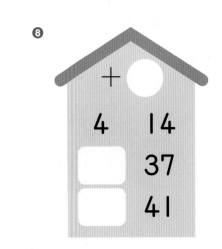
+ ○
4   14
□   37
□   41

바람개비

● 가로, 세로로 두 수의 합을 빈칸에 써넣으시오.

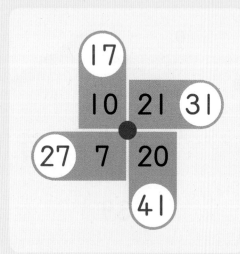

❶

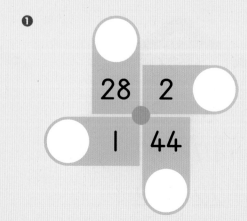

❷

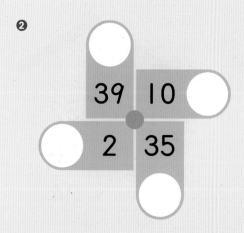

❸

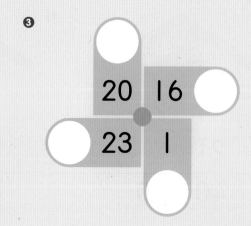

❹

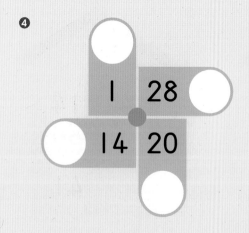

❺

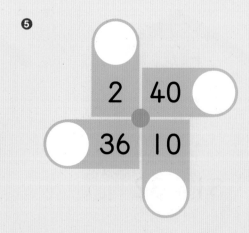

➕ 빈칸에 알맞은 수를 써넣으시오.

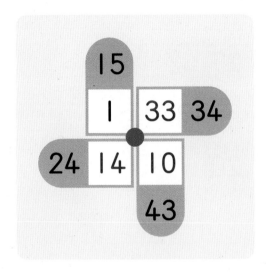

❶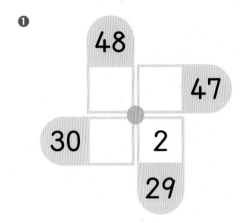

❷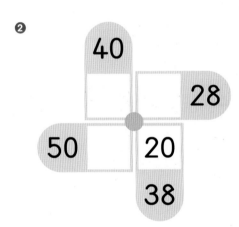

❸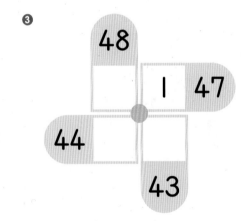

❹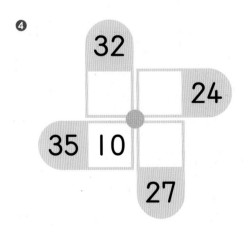

❺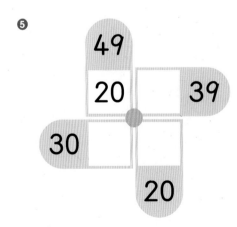

매트릭스

● 가로, 세로로 두 수씩 더하여 빈칸에 알맞은 수를 써넣으시오.

[예시]

10	11		21
30		1	31
	2	43	45
40	13	44	+

❶

27	2		
	34	10	
20		14	
			+

❷

	24	1	
16	20		
10		38	
			+

❸

	15	1	
2		46	
21	20		
			+

❹

2		25	
	30	20	
19	10		
			+

❺

1		36	
47	2		
	33	10	
			+

✤ 빈칸에 알맞은 수를 써넣으시오.

38		2	40
10	22		32
	20	15	35
48	42	17	+

❶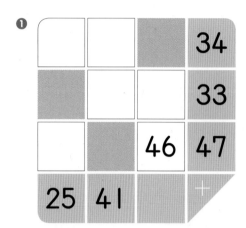

			34
			33
		46	47
25	41		+

❷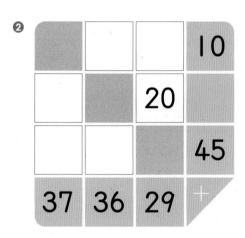

			10
		20	
			45
37	36	29	+

❸

		2	16
			49
40	24	43	+

❹

			43
	1		25
29	34	44	+

❺

		16	36
			49
			23
41	50		+

1 계산에 맞게 선으로 그으시오.

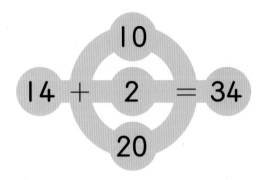

2 가로, 세로로 두 수의 합을 빈칸에 써넣으시오.

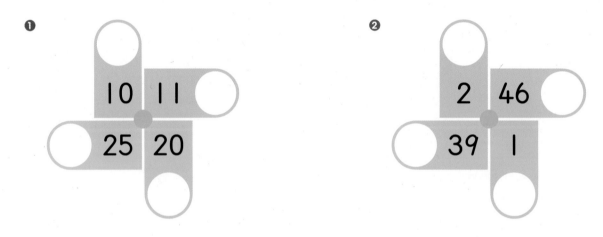

3 가로, 세로로 두 수씩 더하여 빈칸에 알맞은 수를 써넣으시오.

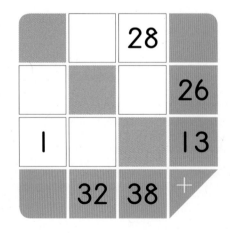

3 두 수의 합

수 묶기

 이웃한 두 수의 합이 ● 안의 수가 되도록 ◯로 묶으시오.

31 30 2 (21 10)

① 18 15 2 16 1

② 42 20 22 31 2

③ 26 20 16 1 25

④ 35 1 33 2 34

⑤ 47 10 37 20 45

⑥ 11 10 1 2 8

⑦ 39 10 19 20 29

⑧ 24 1 15 10 14

⑨ 43 40 2 42 1

⑩ 48 38 20 28 10

⑪ 50 48 2 38 10

이웃한 두 수의 합이  안의 수가 되도록 ◯로 묶으시오.

44

24	10	20
20	1	42
22	10	2

❶ **29**

2	1	28
26	10	8
20	19	20

❷ **36**

27	20	2
1	35	34
34	10	28

❸ **23**

10	3	20
21	1	2
2	12	10

❹ **46**

45	2	44
10	25	36
37	20	10

❺ **38**

1	36	10
39	2	8
10	28	20

❻ **33**

31	2	30
23	1	10
20	32	13

❼ **50**

47	49	10
2	1	48
30	20	10

❽ **41**

10	31	21
2	38	20
40	10	30

막대셈

● 선으로 이어진 두 수의 합을 구하시오.

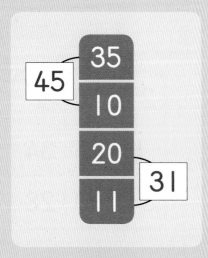

❶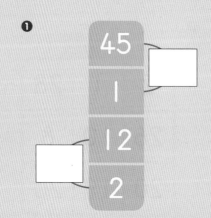

❷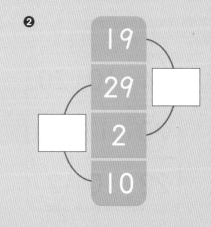

❸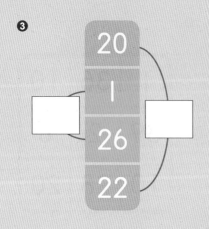

❹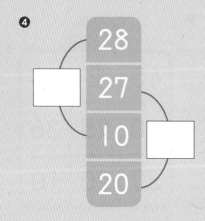

❺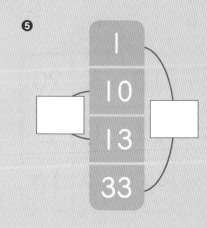

❻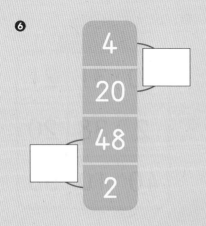

❼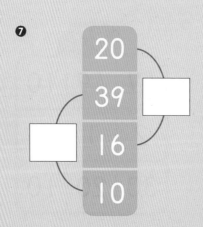

❽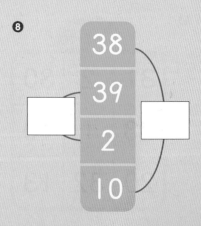

✚ 합이 같도록 두 수를 선으로 잇고, 합을 쓰시오.

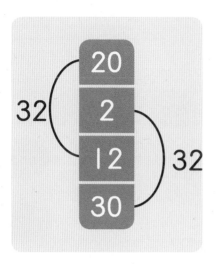

❶
| 28 |
| 19 |
| 10 |
| 1 |

❷
| 3 |
| 1 |
| 22 |
| 20 |

❸
| 2 |
| 1 |
| 15 |
| 14 |

❹
| 39 |
| 20 |
| 21 |
| 2 |

❺
| 10 |
| 24 |
| 34 |
| 20 |

❻
| 44 |
| 36 |
| 10 |
| 2 |

❼
| 1 |
| 17 |
| 20 |
| 36 |

❽
| 30 |
| 2 |
| 38 |
| 10 |

벌집셈

● 벌집 안 두 수의 합을 빈칸에 써넣으시오.

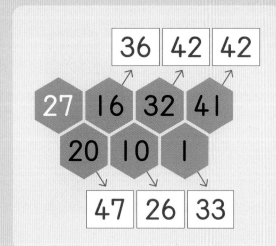

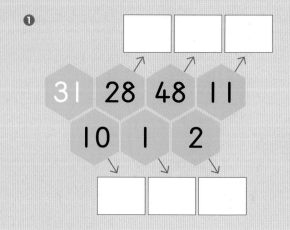

❶

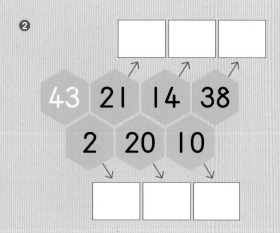

❷

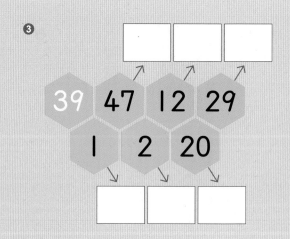

❸

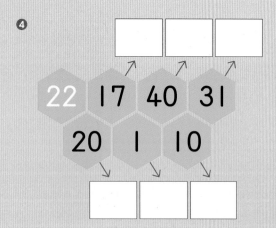

❹

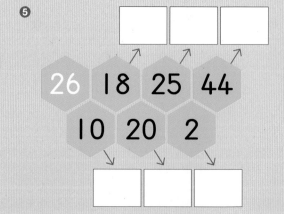

❺

✚ 벌집 안 두 수의 합에 맞게 알맞은 수를 빈칸에 써넣으시오.

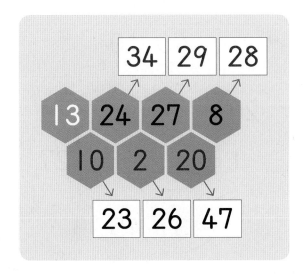

❶

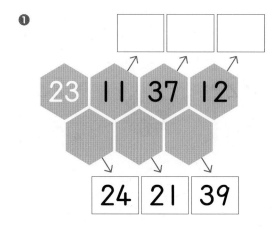

❷

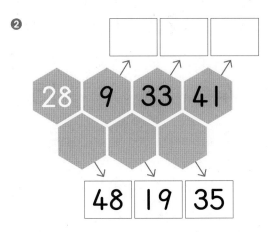

❸

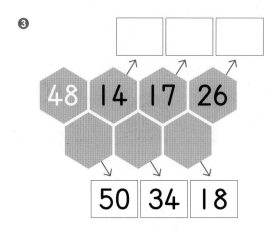

❹

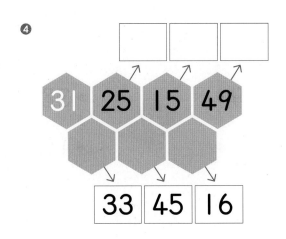

❺

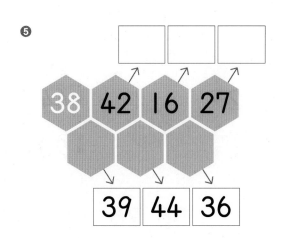

도형 연결

● ● 안의 수가 두 수의 합이 되도록 선으로 이으시오.

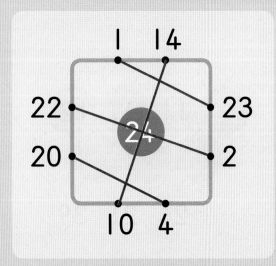

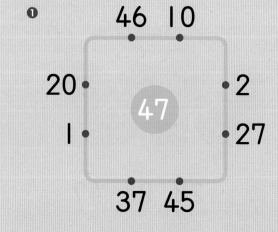

❶

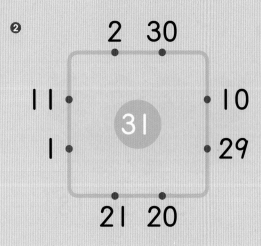

❷

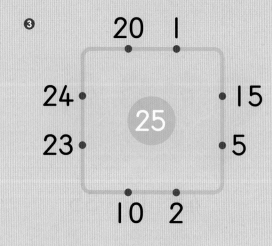

❸

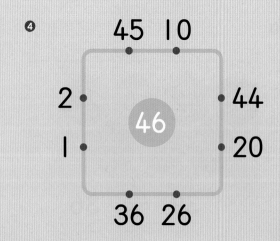

❹

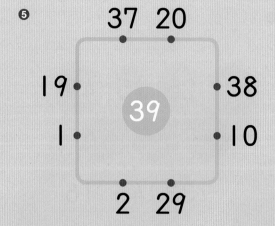

❺

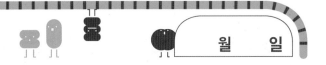
➕ 이어진 두 수의 합이 모두 같도록 선으로 잇고, 합을 ○ 안에 써넣으시오.

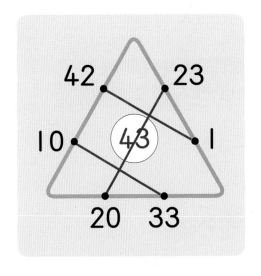

❶

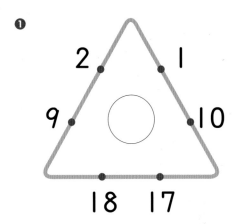

❷

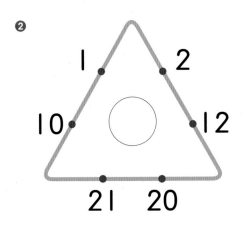

❸

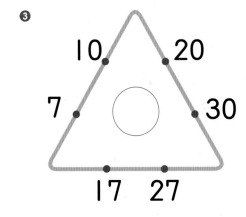

❹

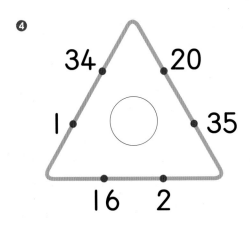

❺

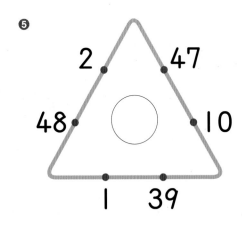

1 합이 같도록 두 수를 잇고, 합을 쓰시오.

❶

| 10 | 27 | 37 | 20 |

❷

| 46 | 2 | 1 | 47 |

2 이웃한 두 수의 합이 ⬭ 안의 수가 되도록 ◯로 묶으시오.

❶ **27**

1	26	24
25	20	2
10	16	25

❷ **33**

2	23	32
12	10	2
20	32	1

3 벌집 안 두 수의 합을 구한 것입니다. 빈칸에 알맞은 수를 써넣으시오.

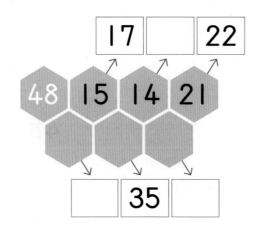

| 17 | | 22 |

48 15 14 21

| | 35 | |

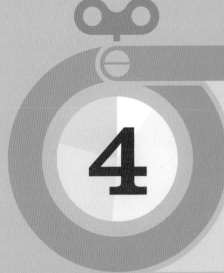

4 세 수의 합

양갈래길

● 계산에 맞게 선을 그으시오.

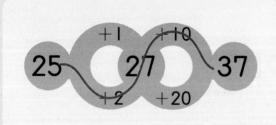

보기
+1   +10
25   27   37
+2   +20

❶
+1   +10
19   20   30
+2   +20

❷
+1   +10
28   29   49
+2   +20

❸
+1   +10
11   12   22
+2   +20

❹
+1   +10
31   33   43
+2   +20

❺
+1   +10
22   24   44
+2   +20

❻
+1   +10
17   19   39
+2   +20

❼
+1   +10
33   35   45
+2   +20

❽
+1   +10
29   31   41
+2   +20

❾
+1   +10
26   27   47
+2   +20

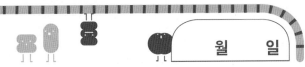

계산에 맞게 선을 그으시오.

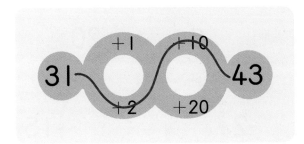

❶

15   +1   +10   36
     +2   +20

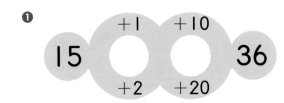

❷

28   +1   +10   40
     +2   +20

❸

12   +1   +10   34
     +2   +20

❹

30   +1   +10   41
     +2   +20

❺

24   +1   +10   36
     +2   +20

❻

13   +1   +10   25
     +2   +20

❼

37   +1   +10   48
     +2   +20

❽

16   +1   +10   37
     +2   +20

❾

18   +1   +10   40
     +2   +20

원 삼각형

● 삼각형으로 연결된 세 수의 합을 구하시오.

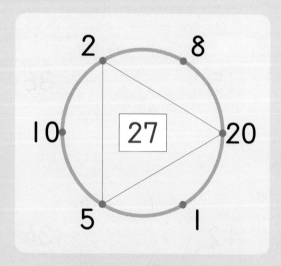

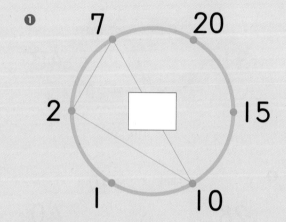

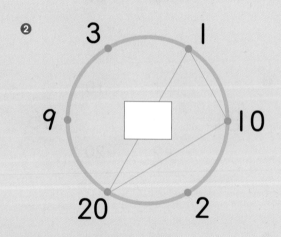

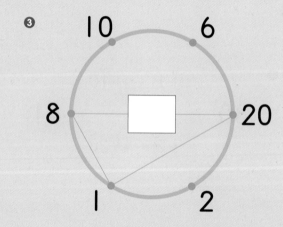

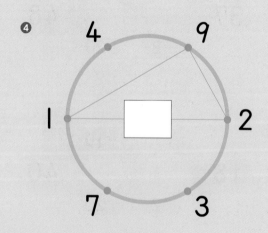

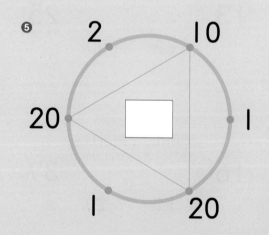

● 연결된 세 수의 합이 ■■■ 안의 수가 되도록 삼각형을 그리시오.

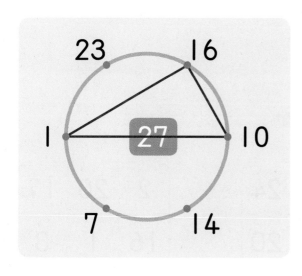

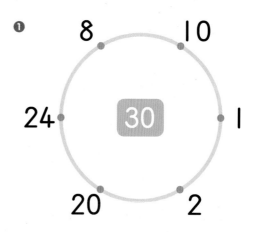

❶

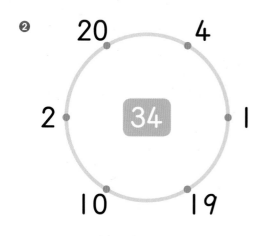

❷

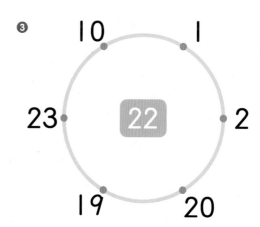

❸

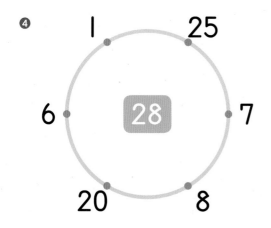

❹

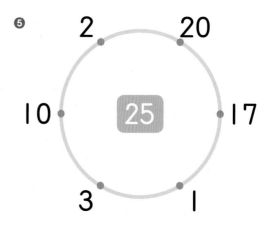

❺

방 통과

미로를 통과하면서 만난 수를 모두 더하여 빈칸에 알맞은 수를 써넣으시오.

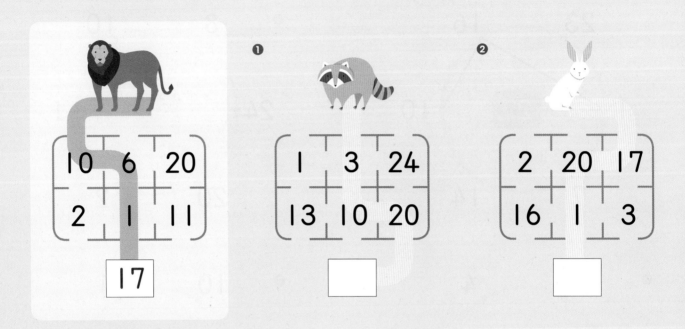

보기

10	6	20
2	1	11

17

❶

1	3	24
13	10	20

❷

2	20	17
16	1	3

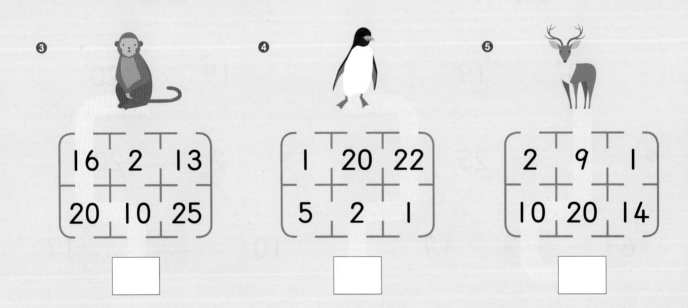

❸

16	2	13
20	10	25

❹

1	20	22
5	2	1

❺

2	9	1
10	20	14

● 방 세 개를 통과하여 만난 수의 합이 ▮▮▮ 안의 수가 되도록 선을 그으시오

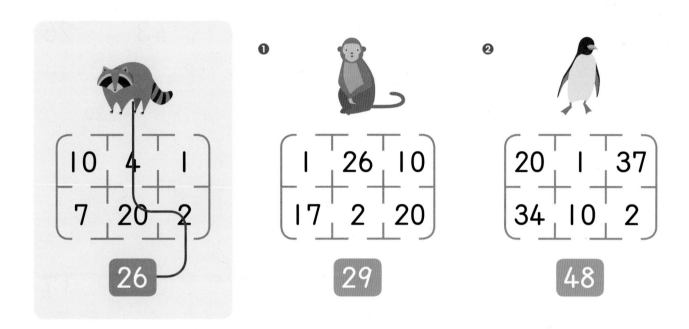

10	4	1
7	20	2

26

❶

1	26	10
17	2	20

29

❷

20	1	37
34	10	2

48

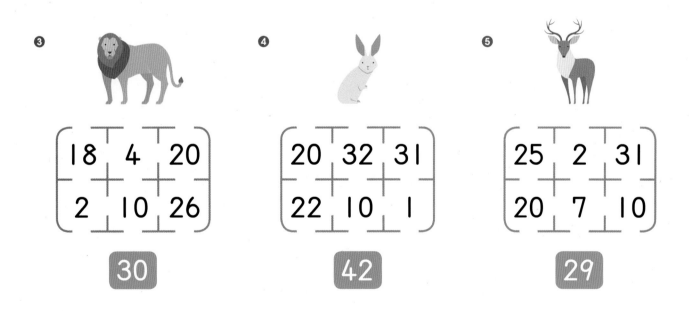

❸

18	4	20
2	10	26

30

❹

20	32	31
22	10	1

42

❺

25	2	31
20	7	10

29

사다리 타기

● 빈칸에 알맞은 수를 써넣으시오.

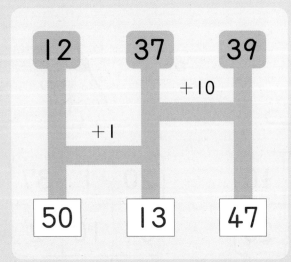

12	37	39
50	13	47

❶

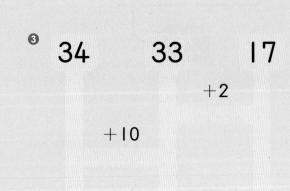

24	43	26

❷

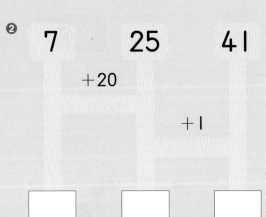

7	25	41

❸

34	33	17

❹

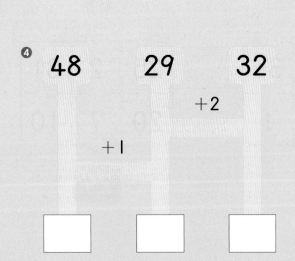

48	29	32

❺

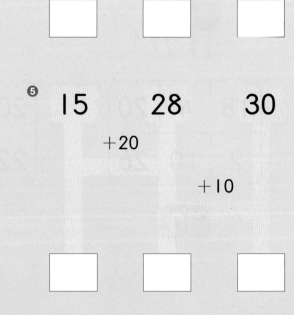

15	28	30

◑ 빈칸에 알맞은 수를 써넣으시오.

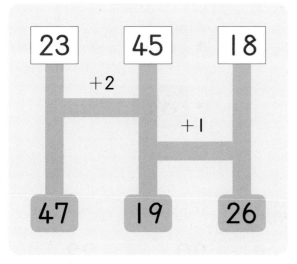

23　45　18

+2

+1

47　19　26

①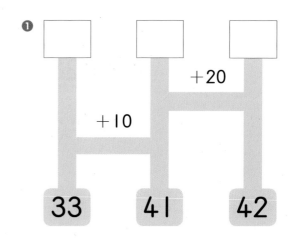

+20

+10

33　41　42

②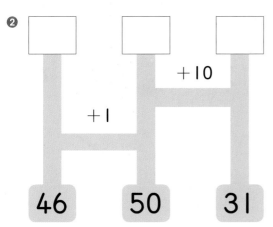

+10

+1

46　50　31

③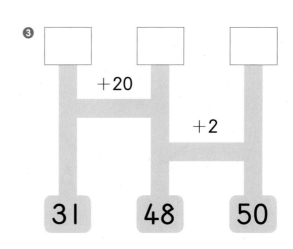

+20

+2

31　48　50

④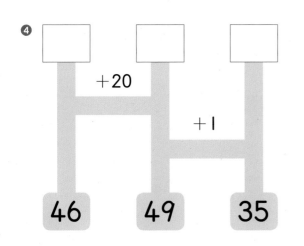

+20

+1

46　49　35

⑤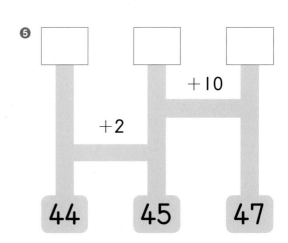

+10

+2

44　45　47

잘 공부했는지 알아봅시다

1 관계있는 것끼리 선으로 이으시오.

16＋1＋20 ·

2＋28＋10 ·

10＋30＋1 ·

· 40

· 37

2 연결된 세 수의 합이 ▨ 안의 수가 되도록 삼각형을 그리시오.

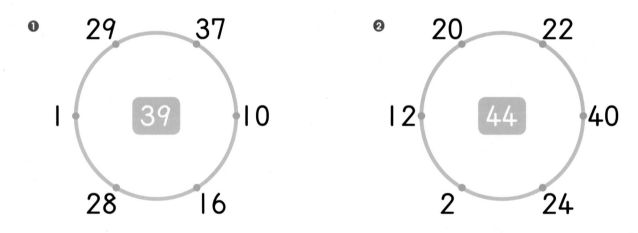

❶ 29   37   1   39   10   28   16

❷ 20   22   12   44   40   2   24

3 사다리 타기를 해 봅시다. 빈칸에 알맞은 수를 써넣으시오.

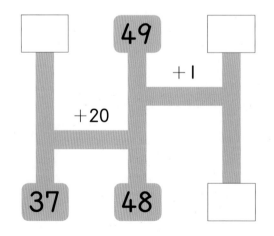

49   ＋1   ＋20   37   48

5 수 배열표와 뺄셈

수 배열 뺄셈

● 수 배열표에서 구하는 수에 ○표 하고, 빈칸에 알맞은 수를 써넣으시오.

1	2	③	4	5
11	12	⑬	14	15
㉑	㉒	㉓	24	25
31	32	33	34	35

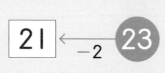

22 ← −1 **23**

21 ← −2 **23**

13 ↑ −10 **23**

3 ↑ −20 **23**

❶

15	16	17	18	19
25	26	27	28	29
35	36	㊲	38	39
45	46	47	48	49

☐ ← −1 **37**

☐ ← −2 **37**

☐ ↑ −10 **37**

☐ ↑ −20 **37**

❷

6	7	8	9	10
16	17	18	19	20
26	27	28	29	㉚
36	37	38	39	40

☐ ← −1 **30**

☐ ← −2 **30**

☐ ↑ −10 **30**

☐ ↑ −20 **30**

❸

13	14	15	16	17
23	24	25	26	27
33	34	35	36	37
43	44	45	㊻	47

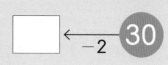

☐ ← −1 **46**

☐ ← −2 **46**

☐ ↑ −10 **46**

☐ ↑ −20 **46**

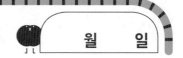
✚ 수 배열표와 식의 빈칸에 알맞은 수를 써넣으시오.

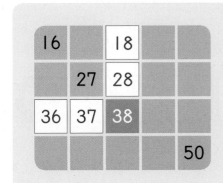

$38 - 1 = \boxed{37}$　　$38 - 10 = \boxed{28}$

$38 - 2 = \boxed{36}$　　$38 - 20 = \boxed{18}$

❶

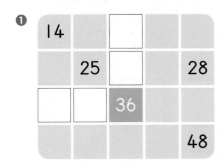

$36 - 1 = \boxed{}$　　$36 - 10 = \boxed{}$

$36 - 2 = \boxed{}$　　$36 - 20 = \boxed{}$

❷

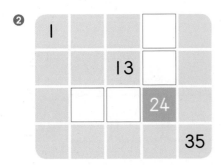

$24 - 1 = \boxed{}$　　$24 - 10 = \boxed{}$

$24 - 2 = \boxed{}$　　$24 - 20 = \boxed{}$

❸

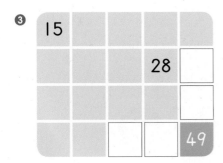

$49 - 1 = \boxed{}$　　$49 - 10 = \boxed{}$

$49 - 2 = \boxed{}$　　$49 - 20 = \boxed{}$

뛰어 뺄셈

● 조건에 맞게 빈칸에 알맞은 수를 써넣으시오.

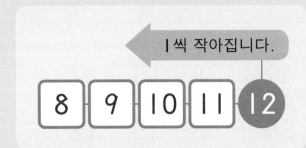

1씩 작아집니다.

8 9 10 11 12

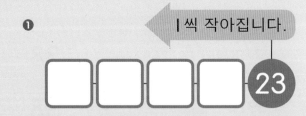

❶ 1씩 작아집니다.

23

❷ 2씩 작아집니다.

26

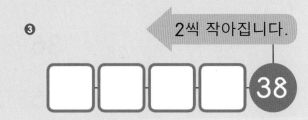

❸ 2씩 작아집니다.

38

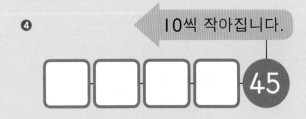

❹ 10씩 작아집니다.

45

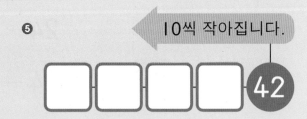

❺ 10씩 작아집니다.

42

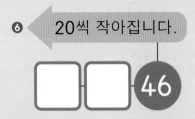

❻ 20씩 작아집니다.

46

❼ 20씩 작아집니다.

50

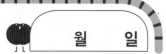
⊕ 뺄셈을 하여 빈칸에 알맞은 수를 써넣으시오.

❶
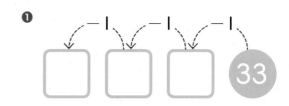

❷
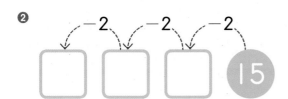

❸
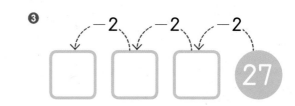

❹
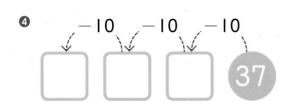

❺
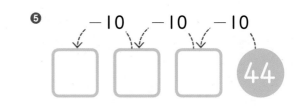

❻
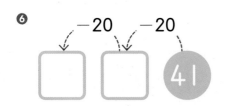

❼
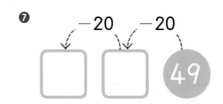

수직선

◑ 수직선의 빈칸에 알맞은 수를 쓰고, 식을 완성하시오.

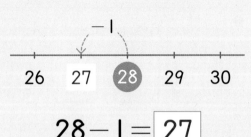

$$28 - 1 = 27$$

❶

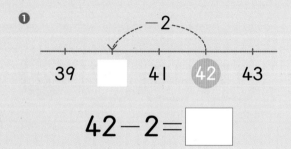

$$42 - 2 = \boxed{}$$

❷

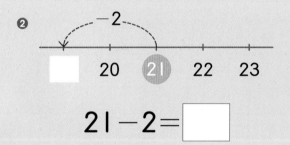

$$21 - 2 = \boxed{}$$

❸

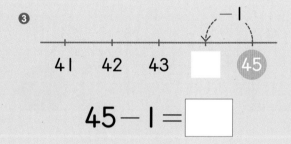

$$45 - 1 = \boxed{}$$

❹

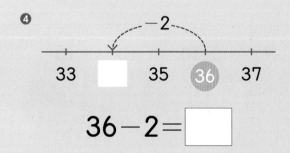

$$36 - 2 = \boxed{}$$

❺

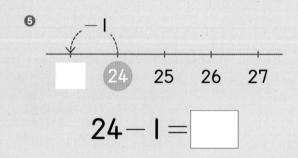

$$24 - 1 = \boxed{}$$

❻

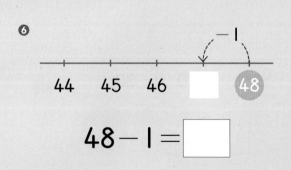

$$48 - 1 = \boxed{}$$

❼

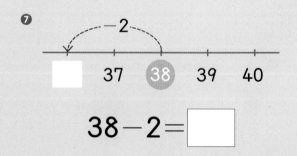

$$38 - 2 = \boxed{}$$

✦ 수직선의 빈칸에 알맞은 수를 쓰고, 식을 완성하시오.

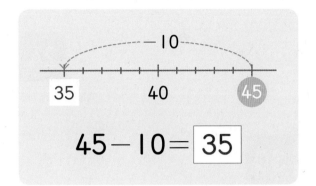

$$45-10=\boxed{35}$$

❶
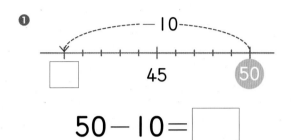

$$50-10=\boxed{}$$

❷
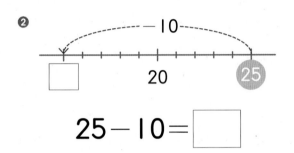

$$25-10=\boxed{}$$

❸
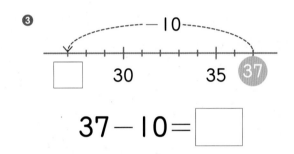

$$37-10=\boxed{}$$

❹
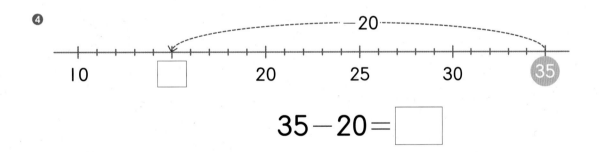

$$35-20=\boxed{}$$

❺
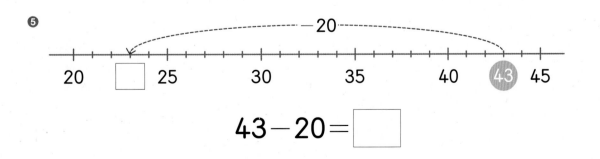

$$43-20=\boxed{}$$

조각셈

● 다음은 수 배열표 조각입니다. 빈칸에 알맞은 수를 써넣으시오.

		7
		17
25	26	**27**

❶

		30

❷

		24

❸

31		

❹

	19	

❺

	46	

❻

	28	

❼

37		

❽

		35

➕ 뺄셈을 하여 빈칸에 알맞은 수를 써넣으시오.

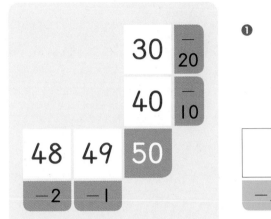

①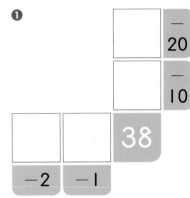

②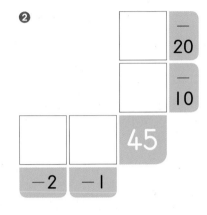

③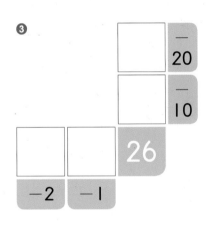

④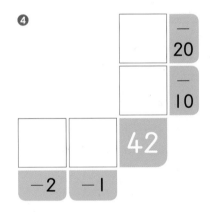

⑤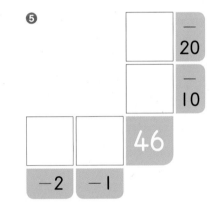

⑥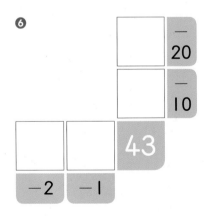

⑦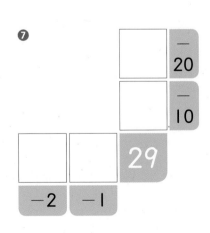

⑧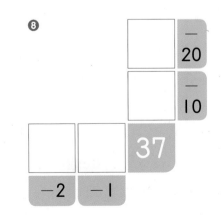

잘 공부했는지 알아봅시다

1 빈칸에 알맞은 수를 써넣으시오.

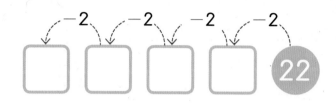

2 수직선의 빈칸에 알맞은 수를 쓰고 식을 완성하시오.

❶

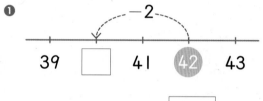

$$42-2=\boxed{}$$

❷

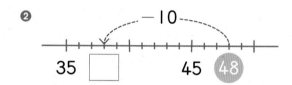

$$48-10=\boxed{}$$

3 수 배열표의 조각의 빈칸에 알맞은 수를 써넣으시오.

❶

❷

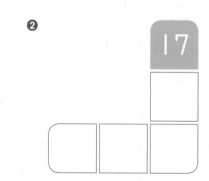

6 빼기 1과 2, 10과 20

양과녁셈

● 왼쪽 과녁판의 점수에서 오른쪽 과녁판의 점수를 뺍니다. 점수를 구하시오.

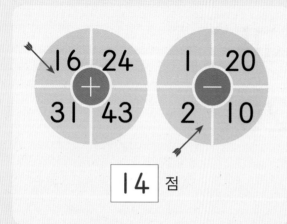

14 점

●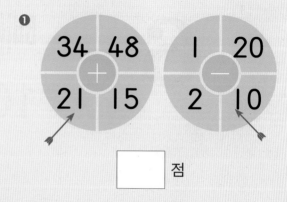

□ 점

❷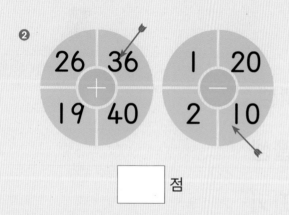

□ 점

❸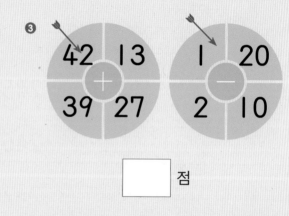

□ 점

❹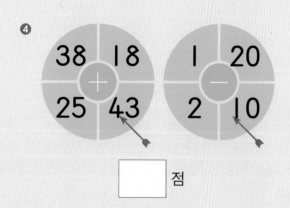

□ 점

❺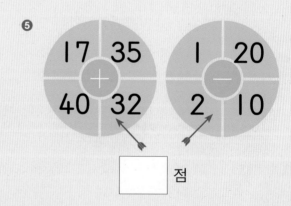

□ 점

58

✦ 점수에 맞게 화살이 꽂힐 자리 두 군데에 ×표 하시오.

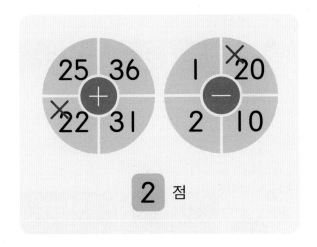

2 점

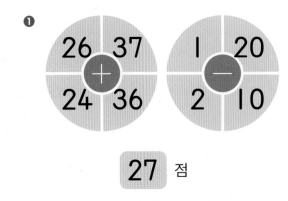

❶

27 점

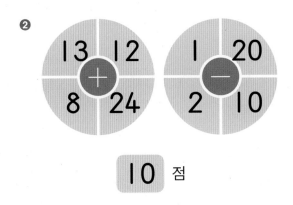

❷

10 점

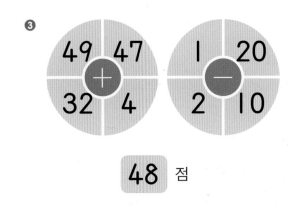

❸

48 점

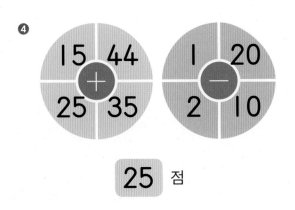

❹

25 점

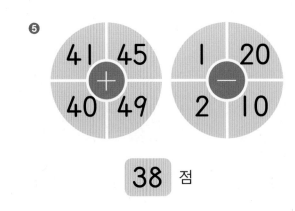

❺

38 점

이층 뺄셈

◑ 빈칸에 알맞은 수를 써넣으시오.

	31	14	27	46
−2	29	12	25	44

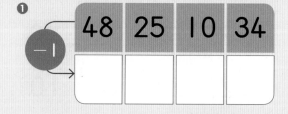

	48	25	10	34
−1				

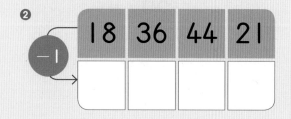

	18	36	44	21
−1				

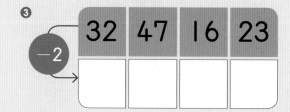

	32	47	16	23
−2				

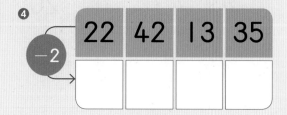

	22	42	13	35
−2				

	45	39	28	15
−10				

	41	24	37	17
−10				

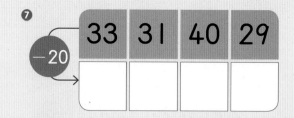

	33	31	40	29
−20				

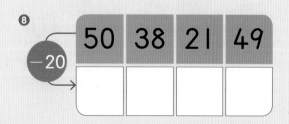

	50	38	21	49
−20				

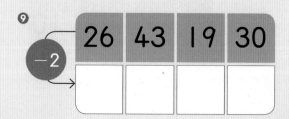

	26	43	19	30
−2				

⊕ 빈칸에 알맞은 수를 써넣으시오.

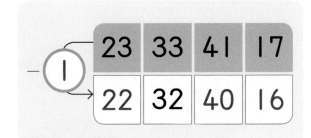

23	33	41	17
22	32	40	16

(− 1)

❶

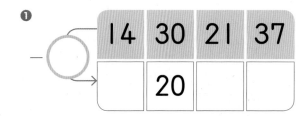

14	30	21	37
	20		

❷

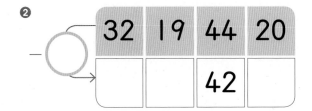

32	19	44	20
		42	

❸

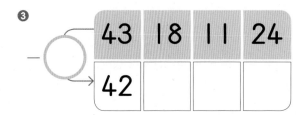

43	18	11	24
42			

❹

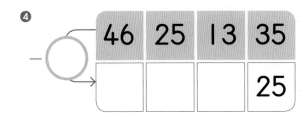

46	25	13	35
			25

❺

34	49	45	22
	29		

❻

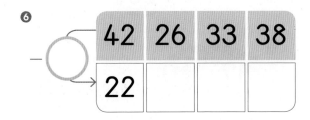

42	26	33	38
22			

❼

48	27	31	15
			13

❽

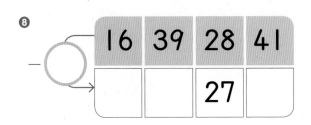

16	39	28	41
		27	

❾

29	36	47	50
	16		

잎새 따기

● 계산 결과가 ◐ 안의 수와 다른 것을 찾아 /로 잎새를 따시오.

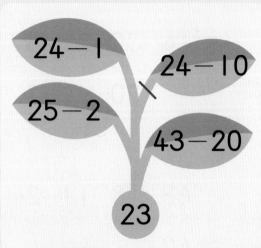

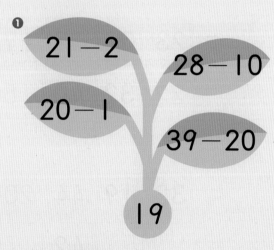

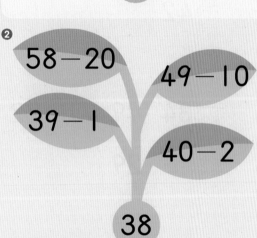

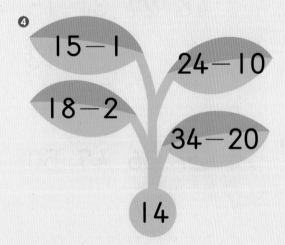

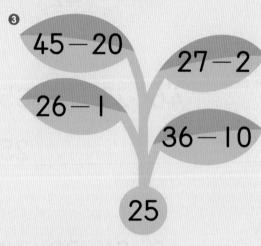

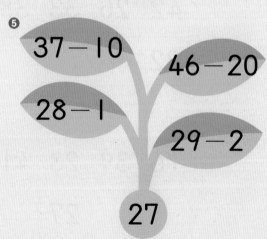

● 계산 결과가 다른 하나를 찾아 /로 잎새를 따시오.

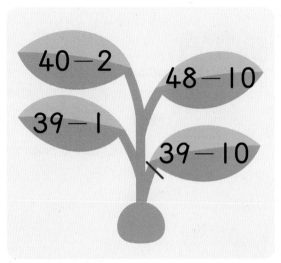

40−2　48−10　39−1　39−10

❶
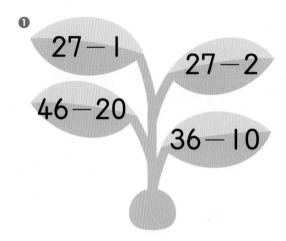

27−1　27−2　46−20　36−10

❷
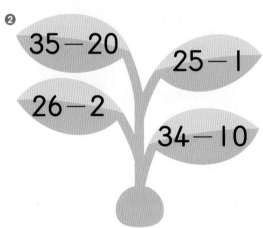

35−20　25−1　26−2　34−10

❸
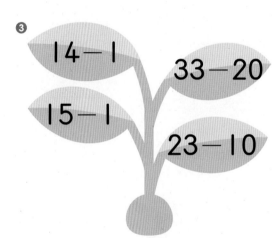

14−1　33−20　15−1　23−10

❹
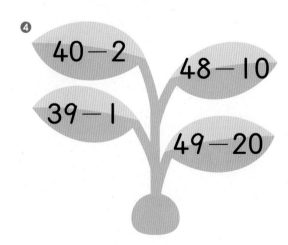

40−2　48−10　39−1　49−20

❺
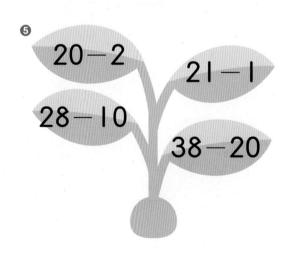

20−2　21−1　28−10　38−20

이중상자

● 빈칸에 알맞은 수를 써넣으시오.

24 −2 → 22 −10 → 12

① 41 −20 → ☐ −1 → ☐

② 18 −1 → ☐ −2 → ☐

③ 47 −10 → ☐ −20 → ☐

④ 30 −2 → ☐ −20 → ☐

⑤ 43 −10 → ☐ −1 → ☐

⑥ 34 −10 → ☐ −2 → ☐

⑦ 29 −1 → ☐ −10 → ☐

● 빈칸에 알맞은 수를 써넣으시오.

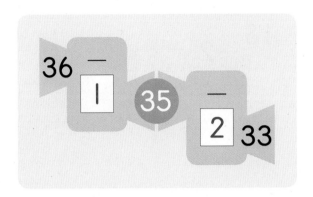

❶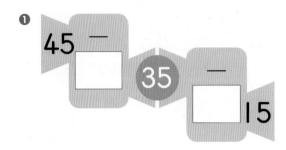

❷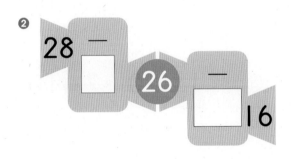

❸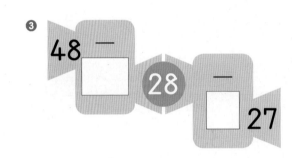

❹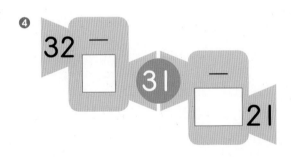

❺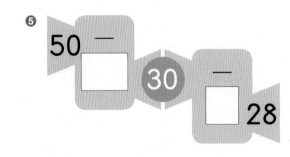

❻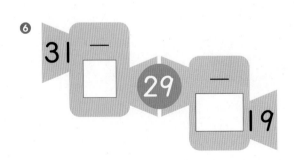

❼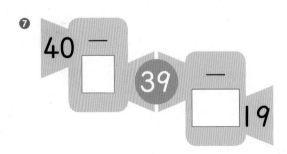

1 빈칸에 알맞은 수를 써넣으시오.

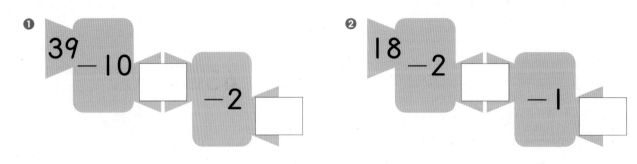

❶ 39 −10 ☐   −2 ☐

❷ 18 −2 ☐   −1 ☐

2 빈칸에 알맞은 수를 써넣으시오.

❶

−	2	10	20	1
33				

❷

−	1	20	2	10
		27		

3 계산 결과가 다른 하나를 찾아 /로 잎새를 따시오.

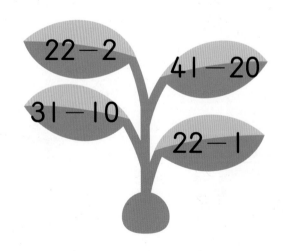

22−2   41−20

31−10   22−1

66

7

더하기와 빼기

큰 수 작은 수

● 빈칸에 알맞은 수를 써넣으시오.

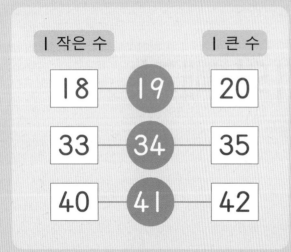

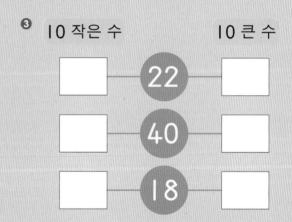

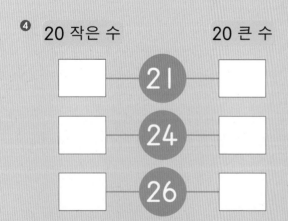

➕ 빈칸에 알맞은 수를 써넣으시오.

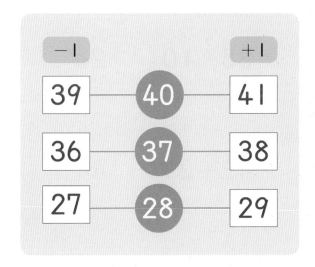

❶
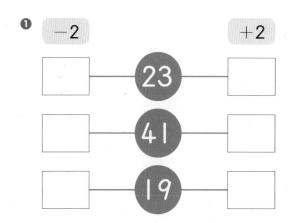

❷
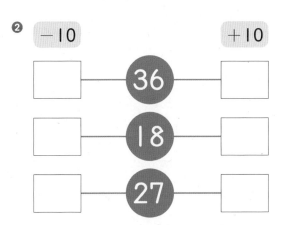

❸
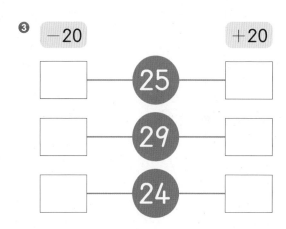

❹
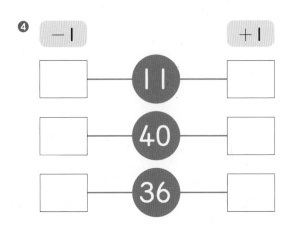

❺
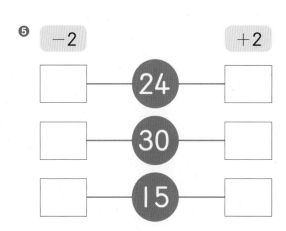

대소셈

● ◐ 안에 >, =, <를 알맞게 써넣으시오.

$$14 + 20 \boxed{>} 31$$

① $38 - 10 \bigcirc 28$

② $32 - 2 \bigcirc 29$

③ $42 + 2 \bigcirc 44$

④ $27 + 1 \bigcirc 26$

⑤ $43 - 20 \bigcirc 26$

⑥ $46 - 10 \bigcirc 37$

⑦ $39 + 10 \bigcirc 48$

⑧ $41 + 1 \bigcirc 42$

⑨ $23 - 1 \bigcirc 24$

⑩ $15 - 2 \bigcirc 14$

⑪ $20 + 20 \bigcirc 40$

⑫ $35 + 2 \bigcirc 36$

⑬ $47 - 20 \bigcirc 25$

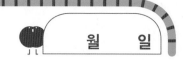
● ○ 안에 >, =, <를 알맞게 써넣으시오.

42−2 ◯= 38+2

① 22+10 ◯ 25−2

② 6+20 ◯ 47−10

③ 38−10 ◯ 19+10

④ 22−1 ◯ 18+2

⑤ 19+2 ◯ 22−1

⑥ 30+10 ◯ 43−2

⑦ 45−20 ◯ 3+20

⑧ 34−2 ◯ 25+10

⑨ 29+10 ◯ 49−10

⑩ 17+1 ◯ 38−20

⑪ 46−1 ◯ 33+10

⑫ 47−10 ◯ 35+1

⑬ 33+2 ◯ 35−2

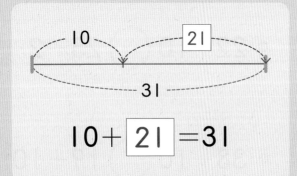

네모 수직선

● 251

● 수직선의 빈칸에 알맞은 수를 쓰고, 식을 완성하시오.

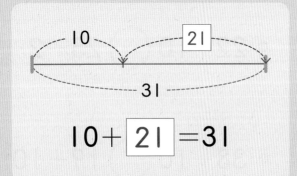

$10 + \boxed{21} = 31$

❶
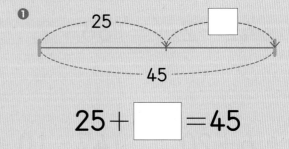

$25 + \boxed{} = 45$

❷
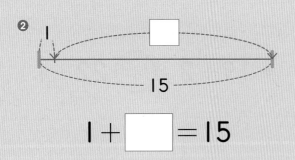

$1 + \boxed{} = 15$

❸
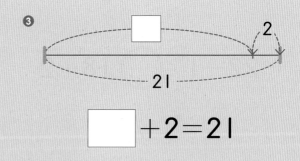

$\boxed{} + 2 = 21$

❹
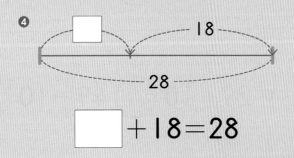

$\boxed{} + 18 = 28$

❺
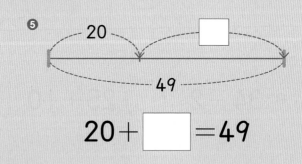

$20 + \boxed{} = 49$

❻
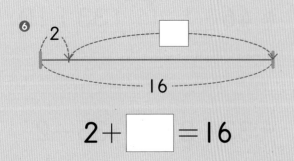

$2 + \boxed{} = 16$

❼
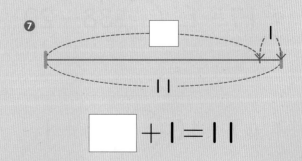

$\boxed{} + 1 = 11$

✚ 수직선의 빈칸에 알맞은 수를 쓰고, 식을 완성하시오.

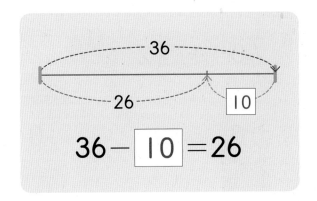

$$36 - \boxed{10} = 26$$

❶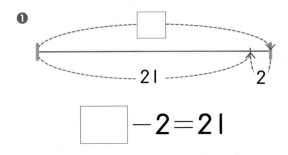

$$\boxed{} - 2 = 21$$

❷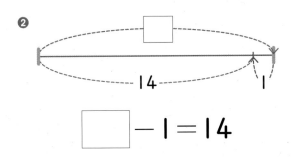

$$\boxed{} - 1 = 14$$

❸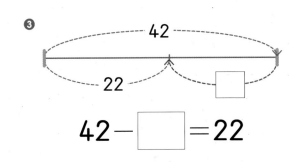

$$42 - \boxed{} = 22$$

❹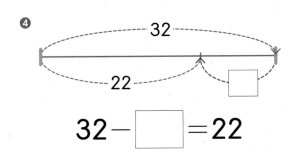

$$32 - \boxed{} = 22$$

❺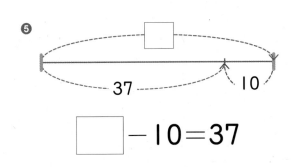

$$\boxed{} - 10 = 37$$

❻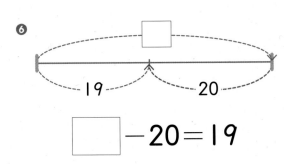

$$\boxed{} - 20 = 19$$

❼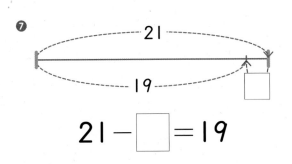

$$21 - \boxed{} = 19$$

창문셈

● 덧셈, 뺄셈을 하여 빈칸에 알맞은 수를 써넣으시오.

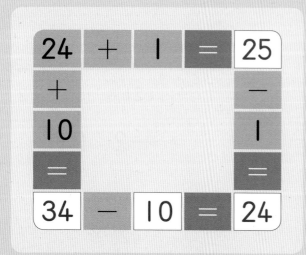

❶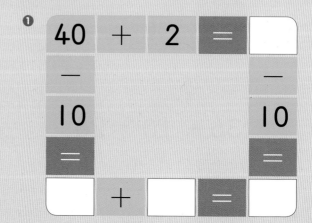

❷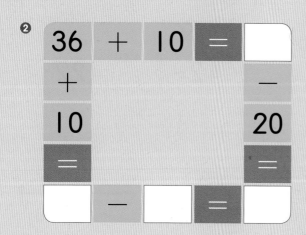

❸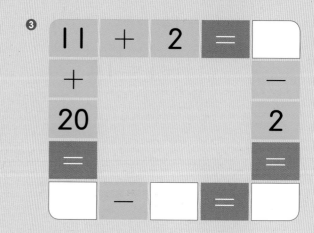

❹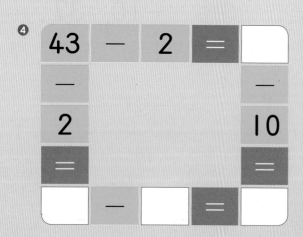

❺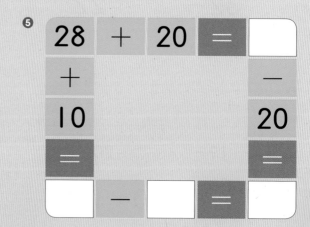

● 빈칸에 알맞는 수 또는 ＋, －를 써넣으시오.

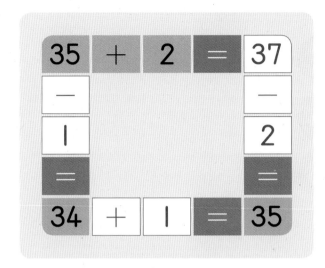

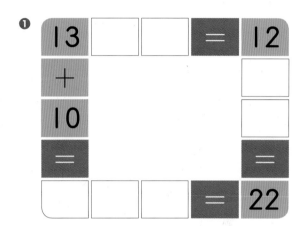

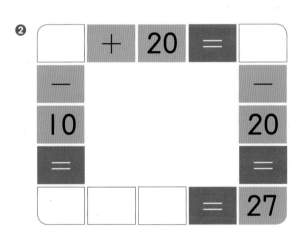

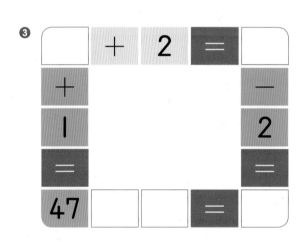

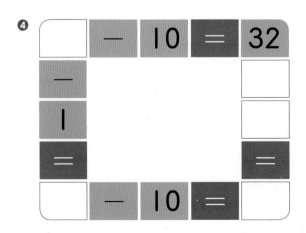

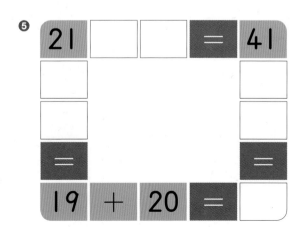

1 빈칸에 알맞은 수를 써넣으시오.

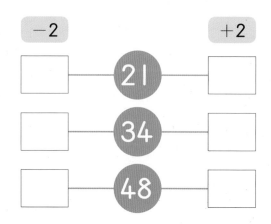

2 ○ 안에 >, =, <를 알맞게 써넣으시오.

❶ 47−2 ○ 44+2

❷ 22+10 ○ 32−20

3 빈칸에 알맞은 수 또는 +, −를 써넣으시오.

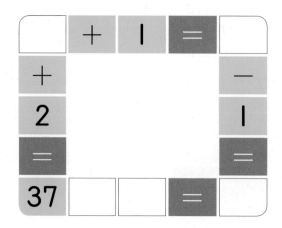

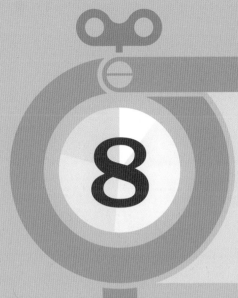

8 세 수의 합과 차

카드 뽑기

● 수 카드 중 두 장을 사용하여 식을 완성하시오.

| 21 | 31 | 10 |

31 − 10 = 21

❶ 45 42 44

☐ + 2 = ☐

❷ 38 28 18

☐ + 20 = ☐

❸ 25 35 36

☐ − 10 = ☐

❹ 29 30 32

☐ − 2 = ☐

❺ 37 45 27

☐ + 10 = ☐

❻ 50 47 49

☐ + 1 = ☐

❼ 13 23 43

☐ − 20 = ☐

✦ 다음 수 카드 중 두 장을 사용하여 식을 완성하시오.

| 1 | 2 | 10 | 20 |

$$28 - \boxed{10} + \boxed{1} = 19$$

❶ $48 - \boxed{} - \boxed{} = 26$

❷ $29 + \boxed{} + \boxed{} = 40$

❸ $36 + \boxed{} - \boxed{} = 37$

❹ $40 - \boxed{} + \boxed{} = 32$

❺ $34 - \boxed{} - \boxed{} = 12$

❻ $18 + \boxed{} + \boxed{} = 40$

❼ $15 - \boxed{} - \boxed{} = 3$

❽ $35 - \boxed{} + \boxed{} = 26$

❾ $24 - \boxed{} - \boxed{} = 13$

❿ $17 + \boxed{} + \boxed{} = 39$

⓫ $16 + \boxed{} - \boxed{} = 34$

⓬ $45 - \boxed{} + \boxed{} = 27$

연산자 넣기

● 계산에 맞게 선을 그으시오.

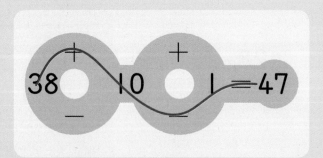

$$38 \;+\!/\!-\; 10 \;+\!/\!-\; 1 = 47$$

①
$$25 \;+\!/\!-\; 2 \;+\!/\!-\; 20 = 43$$

②
$$40 \;+\!/\!-\; 1 \;+\!/\!-\; 2 = 37$$

③
$$30 \;+\!/\!-\; 10 \;+\!/\!-\; 1 = 41$$

④
$$16 \;+\!/\!-\; 2 \;+\!/\!-\; 10 = 24$$

⑤
$$13 \;+\!/\!-\; 20 \;+\!/\!-\; 1 = 32$$

⑥
$$32 \;+\!/\!-\; 2 \;+\!/\!-\; 1 = 33$$

⑦
$$41 \;+\!/\!-\; 1 \;+\!/\!-\; 10 = 30$$

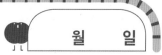

$\oplus$ 계산에 맞게 $\bigcirc$ 안에 $+$ 또는 $-$를 넣으시오.

$24 \,\bigoplus\, 20 \,\bigominus\, 2 = 42$

❶ $18 \,\bigcirc\, 1 \,\bigcirc\, 2 = 21$

❷ $37 \,\bigcirc\, 1 \,\bigcirc\, 10 = 46$

❸ $28 \,\bigcirc\, 2 \,\bigcirc\, 10 = 20$

❹ $40 \,\bigcirc\, 1 \,\bigcirc\, 2 = 43$

❺ $49 \,\bigcirc\, 20 \,\bigcirc\, 10 = 39$

❻ $11 \,\bigcirc\, 20 \,\bigcirc\, 1 = 30$

❼ $38 \,\bigcirc\, 1 \,\bigcirc\, 2 = 35$

❽ $21 \,\bigcirc\, 10 \,\bigcirc\, 20 = 31$

❾ $31 \,\bigcirc\, 10 \,\bigcirc\, 1 = 42$

❿ $47 \,\bigcirc\, 1 \,\bigcirc\, 20 = 28$

⓫ $19 \,\bigcirc\, 20 \,\bigcirc\, 2 = 37$

⓬ $41 \,\bigcirc\, 2 \,\bigcirc\, 1 = 38$

⓭ $32 \,\bigcirc\, 10 \,\bigcirc\, 2 = 24$

모양셈

● 같은 모양은 같은 숫자, 다른 모양은 다른 숫자입니다. 빈칸을 채우시오.

$15 + 10 = ⟨25⟩$

$⟨25⟩ + 1 = [26]$

$[26] - 2 = ◇24◇$

❶ $32 - 20 = ◯$

$◯ + 10 = □$

$□ + 20 = ◇$

❷ $43 + 1 = ◯$

$◯ - 20 = □$

$□ + 10 = ◇$

❸ $29 - 2 = ◯$

$◯ + 2 = □$

$□ - 10 = ◇$

❹ $36 - 10 = ◯$

$◯ + 2 = □$

$□ - 1 = ◇$

❺ $41 + 2 = ◯$

$◯ - 1 = □$

$□ + 2 = ◇$

 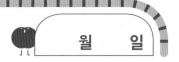

✛ ◆가 나타내는 수를 □ 안에 써넣으시오.

$$8 + 20 = ♣$$
$$♣ - 2 + 1 = ♠$$
$$♠ + 20 + 2 = ◆$$
$$◆ = \boxed{49}$$

❶
$$47 - 1 = ♣$$
$$♣ - 2 - 10 = ♠$$
$$♠ + 2 + 1 = ◆$$
$$◆ = \boxed{}$$

❷
$$34 - 10 = ♣$$
$$♣ + 20 - 1 = ♠$$
$$♠ - 2 - 20 = ◆$$
$$◆ = \boxed{}$$

❸
$$28 + 2 = ♣$$
$$♣ + 10 + 10 = ♠$$
$$♠ - 10 + 1 = ◆$$
$$◆ = \boxed{}$$

❹
$$45 + 1 = ♣$$
$$♣ - 2 - 2 = ♠$$
$$♠ + 1 + 2 = ◆$$
$$◆ = \boxed{}$$

❺
$$39 + 10 = ♣$$
$$♣ - 1 - 20 = ♠$$
$$♠ + 10 - 2 = ◆$$
$$◆ = \boxed{}$$

약속셈

● 약속에 맞게 계산한 것입니다. 빈칸에 알맞은 수를 써넣으시오.

약속

$$\blacksquare \odot \bullet = \blacksquare + \bullet + \bullet$$

$27 \odot 2 = 27 + \boxed{2} + 2$

$\qquad = \boxed{31}$

$13 \odot 10 = \boxed{13} + 10 + \boxed{10}$

$\qquad = \boxed{33}$

❶ 약속

$$\blacksquare \diamond \bullet = \blacksquare + \blacksquare + \bullet$$

$20 \diamond 1 = 20 + \boxed{} + 1$

$\qquad = \boxed{}$

$10 \diamond 2 = \boxed{} + 10 + \boxed{}$

$\qquad = \boxed{}$

❷ 약속

$$\blacksquare \boxdot \bullet = \blacksquare - \bullet - \bullet$$

$39 \boxdot 10 = 39 - \boxed{} - 10$

$\qquad = \boxed{}$

$41 \boxdot 2 = \boxed{} - 2 - \boxed{}$

$\qquad = \boxed{}$

❸ 약속

$$\blacksquare \triangle \bullet = \blacksquare + \blacksquare - \bullet$$

$10 \triangle 1 = 10 + \boxed{} - 1$

$\qquad = \boxed{}$

$20 \triangle 10 = \boxed{} + 20 - \boxed{}$

$\qquad = \boxed{}$

● 약속에 맞게 계산하시오.

약속

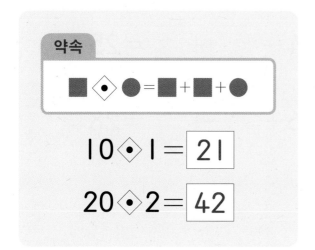

■◆●=■+■+●

$10 ◆ 1 = \boxed{21}$

$20 ◆ 2 = \boxed{42}$

❶ 약속

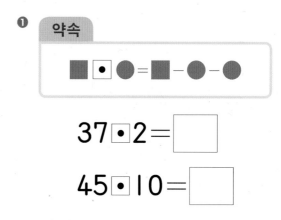

■·●=■−●−●

$37 · 2 = \boxed{}$

$45 · 10 = \boxed{}$

❷ 약속

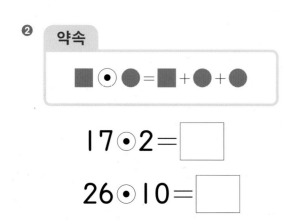

■⊙●=■+●+●

$17 ⊙ 2 = \boxed{}$

$26 ⊙ 10 = \boxed{}$

❸ 약속

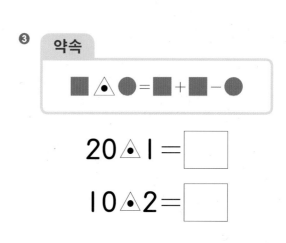

■△●=■+■−●

$20 △ 1 = \boxed{}$

$10 △ 2 = \boxed{}$

❹ 약속

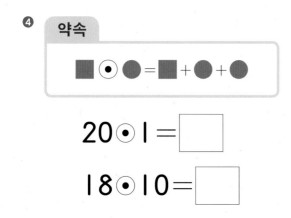

■⊙●=■+●+●

$20 ⊙ 1 = \boxed{}$

$18 ⊙ 10 = \boxed{}$

❺ 약속

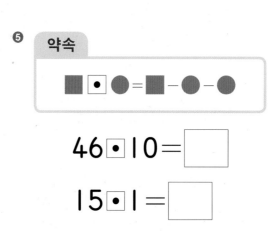

■·●=■−●−●

$46 · 10 = \boxed{}$

$15 · 1 = \boxed{}$

1 다음 수 카드 중 두 장을 사용하여 식을 완성하시오.

❶ 34 − ☐ + ☐ = 25

❷ 46 + ☐ − ☐ = 28

2 같은 모양은 같은 숫자, 다른 모양은 다른 숫자입니다. 빈칸을 채우시오.

16 + 2 = ◯

◯ + 10 = ☐

☐ − 20 = ◇

3 약속에 맞게 계산하시오.

약속

■ ⊙ ● = ■ + ● + ●

20 ⊙ 1 = ☐

MEMO

MEMO

사고력

정답 및 해설
Guide Book

7세 4호

더하기 빼기 1과 2, 10과 20

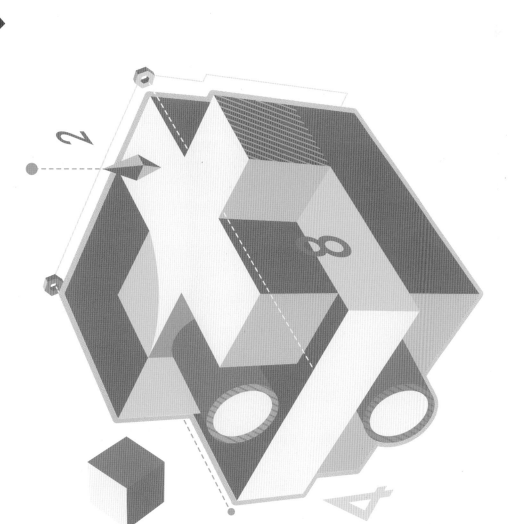

NE 능률

225 수 배열 덧셈

● 수 배열표에서 구하는 수에 ○표 하고, 빈칸에 알맞은 수를 써넣으시오.

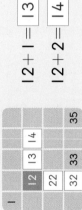

15	16	17	18	19
25	26	㉘	29
35	㊱	37	38	39
45	㊻	47	48	49

26 +1 → 27 26 +10 → 36
26 +2 → 28 26 +20 → 46

❶
3	4	5	6	7
13	⑭	⑮	⑯	17
23	㉔	25	26	27
33	㉞	35	36	37

14 +1 → 15 14 +10 → 24
14 +2 → 16 14 +20 → 34

❷
16	17	⑱	⑲	⑳
26	27	㉘	29	30
36	37	㊳	39	40
46	47	48	49	50

18 +1 → 19 18 +10 → 28
18 +2 → 20 18 +20 → 38

❸
14	15	16	17	18
㉔	㉕	㉖	27	28
㉞	35	36	37	38
㊹	45	46	47	48

24 +1 → 25 24 +10 → 34
24 +2 → 26 24 +20 → 44

'+1'은 일의 자리 숫자가 1 커지고 '+2'는 일의 자리 숫자가 2 커집니다. '+10'은 십의 자리 숫자가 1 커지고 '+20'은 십의 자리 숫자가 2 커집니다.

● 수 배열표와 식의 빈칸에 알맞은 수를 써넣으시오.

1				
	12	13	14	
	22			
	32	33		35

12 + 1 = 13   12 + 10 = 22
12 + 2 = 14   12 + 20 = 32

❶
11				15
21	22	23	24	
31	32			
41			44	45

21 + 1 = 22   21 + 10 = 31
21 + 2 = 23   21 + 20 = 41

❷

14				
25	26	27	28	
	36			
	46			48

26 + 1 = 27   26 + 10 = 36
26 + 2 = 28   26 + 20 = 46

❸
16				20
	28	29	30	
	38	39		
	48			
	46			

28 + 1 = 29   28 + 10 = 38
28 + 2 = 30   28 + 20 = 48

P. 10 ● P. 11

1 주차

뛰어 덧셈

226 뛰어 덧셈

● 조건에 맞게 빈칸에 알맞은 수를 써넣으시오.

1씩 커집니다. 12 13 14 15 16

① 1씩 커집니다. 23 24 25 26 27

② 2씩 커집니다. 16 18 20 22 24

③ 2씩 커집니다. 25 27 29 31 33

④ 10씩 커집니다. 7 17 27 37 47
십의 자리 숫자가 1씩 커집니다.

⑤ 10씩 커집니다. 2 12 22 32 42
십의 자리 숫자가 1씩 커집니다.

⑥ 20씩 커집니다. 4 24 44
십의 자리 숫자가 2씩 커집니다.

⑦ 20씩 커집니다. 9 29 49
십의 자리 숫자가 2씩 커집니다.

● 덧셈을 하여 빈칸에 알맞은 수를 써넣으시오.
1, 2, 10, 20을 뛰어 세는 것은 각각 1, 2, 10, 20을 더하는 것과 같습니다.

17 +1 18 +1 19 +1 20

① 38 +1 39 +1 40 +1 41

② 13 +2 15 +2 17 +2 19

③ 24 +2 26 +2 28 +2 30

④ 6 +10 16 +10 26 +10 36

⑤ 15 +10 25 +10 35 +10 45

⑥ 8 +20 28 +20 48

⑦ 2 +20 22 +20 42

227 수직선

● 수직선의 빈칸에 알맞은 수를 쓰고, 덧셈을 하시오.

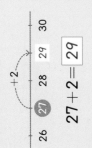

$27 + 2 = 29$

❷ 14 15 16 17 18 $+1$
$17 + 1 = 18$

❹ 46 47 48 49 50 $+1$
$46 + 1 = 47$

❻ 13 14 15 16 17 $+2$
$14 + 2 = 16$

❶ 39 40 41 42 43 $+1$
$40 + 1 = 41$

❸ 19 20 21 22 23 $+2$
$19 + 2 = 21$

❺ 33 34 35 36 37 $+1$
$35 + 1 = 36$

❼ 29 30 31 32 33 $+2$
$31 + 2 = 33$

● 수직선의 빈칸에 알맞은 수를 쓰고, 덧셈을 하시오.

수직선에서 '+1'은 1칸, '+10'은 10칸, '+20'은 20칸 만큼 오른쪽으로 간 수 입니다. '+2'는 2칸, '+10'은

❶ 13 15 20 23 $+10$
$13 + 10 = 23$

❸ 32 35 40 42 $+10$
$32 + 10 = 42$

15 20 25 $+10$
$15 + 10 = 25$

❷ 20 25 30 $+10$
$20 + 10 = 30$

❹ 10 15 20 25 30 35 $+20$
$10 + 20 = 30$

❺ 25 30 35 40 45 50 $+20$
$25 + 20 = 45$

P. 14 ● P. 15

1주차

조각셈

● 228

다음은 수 배열표 조각입니다. 빈칸에 알맞은 수를 써넣으시오.

수 배열표에서 오른쪽으로 한 칸 갈 때마다 1씩 커지고 아래로 한 칸 갈 때마다 10씩 커집니다.

27	28	29
37		
47		

① 6 7 8 / 16 / 26

② 14 15 16 / 24 / 34

③ 2 3 4 / 12 / 22

④ 21 22 23 / 31 41

⑤ 18 19 20 / 28 / 38

⑥ 23 24 25 / 33 43

⑦ 15 16 17 / 25 35

⑧ 26 27 28 / 36 / 46

덧셈을 하여 빈칸에 알맞은 수를 써넣으시오.

수 배열표와 모양이 같습니다.

15	+1 16	+2 17
+10 25		
+20 35		

① 21 22 23 / +10 31 / +20 41

② 7 8 9 / +10 17 / +20 27

③ 24 25 26 / +10 34 / +20 44

④ 13 14 15 / +10 23 / +20 33

⑤ 28 29 30 / +10 38 / +20 48

⑥ 12 13 14 / +10 22 / +20 32

⑦ 3 4 5 / +10 13 / +20 23

⑧ 25 26 27 / +10 35 / +20 45

잘 공부했는지 알아봅시다

월 일

1 덧셈을 하여 빈칸에 알맞은 수를 세넣으시오.

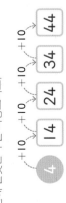

4 →(+10) 14 →(+10) 24 →(+10) 34 →(+10) 44

2 수직선의 빈칸에 알맞은 수를 쓰고, 덧셈을 하시오.

27 + 20 = 47

3 수 배열표의 조각의 빈칸에 알맞은 수를 세넣으시오.

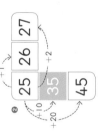

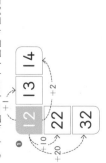

② 주차

229 가르기

● 계산에 맞게 빈칸에 알맞은 수를 써넣으시오.

①
19 + 2
- 10 → 29 $19+10$
- 2 → 21 $19+2$
- 20 → 39 $19+20$

②
25 + 20
- 2 → 27
- 1 → 45
- 20 → 26

③
37 +
- 1 → 38 $37+1$
- 10 → 47 $37+10$
- 2 → 39 $37+2$

④
26 + 10
- 1 → 27
- 10 → 36
- 20 → 46

⑤
12 + 1
- 20 → 32
- 1 → 13
- 10 → 22

⑥
29 − 20
- 10 → 39
- 20 → 49
- 2 → 31

● 계산에 맞게 선을 그으시오.

①
48 + 2 = 50
- 1
- 10
- 2

②
34 + 10 = 44
- 2
- 1
- 10

③
39 +
- 20
- 1
- 10 → 49

④
23 +
- 1
- 20 → 43
- 2

⑤
42 +
- 1
- 2 → 44
- 20

⑥
36 +
- 1
- 10 → 37
- 20

⑦
12 +
- 10
- 2 → 14
- 20

⑧
15 +
- 20 → 35
- 10
- 2

하우스

230

● 덧셈을 하여 빈칸에 알맞은 수를 써넣으시오.

일의 자리 숫자가 1 커집니다.

+1	
14	15 14+1
26	27 26+1
48	49 48+1

+10	
22	32 22+10
37	47 37+10
13	23 13+10

+20	
16	36 16+20
9	29 9+20
29	49 29+20

십의 자리 숫자가 2 커집니다.

+2	
36	38
19	21
45	47

+20	
15	35
24	44
30	50

+1	
41	42
43	44
34	35

+10	
28	38
31	41
33	43

+2	
40	42
18	20
48	50

+10	
17	27
20	30
35	45

● 빈칸에 알맞은 수를 써넣으시오.

먼저 ○ 안의 수를 구합니다.

+2	
47	49 47+2=49
34	36
39	41 39+2=41

34+○는 36이므로
○ 안의 수는 2입니다.

+1	
35	36
44	45 44+1=45
46	47 46+1=47

+20	
8	28 8+20=28
17	37
22	42

22+20=42   17+○=37이므로
○ 안의 수는 20입니다.

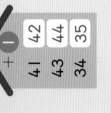

+2	
23	25
36	38
41	43

35+○=36이므로
○ 안의 수는 1입니다.

+10	
15	25
21	31
40	50

+20	
12	32
28	48
14	34

+20	
30	50
26	46
11	31

+1	
27	28
19	20
31	32

+10	
4	14
27	37
31	41

② 주차

바람개비

231

● 가로, 세로로 두 수의 합을 빈칸에 써넣으시오.

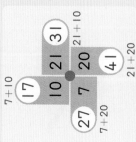

7+10
17
10 21 31 21+10
27 7 20 41 21+20
7+20

① 28+1
29
28 2 30 28+2
45 1 44 46
44+1 44+2

③
43 20 16 36
24 23 1 17

⑤
38 2 40 42
46 36 10 50

②
41 39 10 49
37 2 35 45

④
15 1 28 29
34 14 20 48

◆ 빈칸에 알맞은 수를 써넣으시오.

① ②28+20=48
48 ③20+27=47
30 28 20 27 47
①28+2=30 2 29

③
48 47
46 1 42 43
44 2

⑤
49 19 39
20 1 20
30 29

① 15 ①33+1=34
1 33 34
24 14 10 43
③14+10=24 ②33+10=43

②
40 18 28
50 30 10 20 38

④
32 2 24
35 22 10 25 27

2+44는 44+2와 같습니다. 더하는 수가 1, 2, 10, 20이 아닌 경우 두 수를 바꾸어 더하면 됩니다.

바람개비 연산은 오른쪽 또는 왼쪽 한 방향으로 돌아가며 수를 구합니다.

월 일
월 일

매트릭스

232

가로, 세로로 두 수씩 더하여 빈칸에 알맞은 수를 써넣으시오.

10	11	21	10+11
30	1	31	30+1
	2	43	45	2+43
40	13	44	+

10+30　11+2　1+43

20+14는 14+20과 같습니다. 더하는 수가 1, 2, 10, 20이 아닌 경우 두 수를 바꾸어 더하여 연습니다.

① | 27 | 2 | 29 | 27+2 |
	34	10	44	34+10
20	14	34	20+14
47	36	24	+

27+20　2+34　10+14

● 빈칸에 알맞은 수를 써넣으시오.

⑥ 40	32	35	+
2		① 15	17
	③ 22	② 20	42
⑤ 38	④ 10		48

① 2+15=17
② 20+15=35
③ 22+20=42
④ 10+22=32
⑤ 38+10=48
⑥ 38+2=40

② 주차

P. 26

잘 공부했는지 알아봅시다

월 일

1 계산에 맞게 선으로 그으시오.

2 가로, 세로로 두 수의 합을 빈칸에 써넣으시오.

①

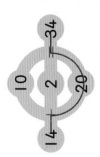

②

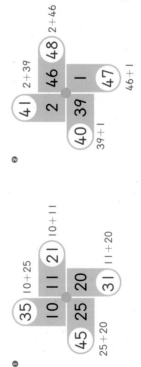

3 가로, 세로로 두 수씩 더하여 빈칸에 알맞은 수를 써넣으시오.

② 20	28	⑤ 48	
	④ 10	26	
⑥ 16	12	13	38
	①	32	38
17	32	38	+

① 1+12=13
② 20+12=32
③ 20+28=48
④ 28+10=38
⑤ 16+10=26
⑥ 16+1=17

26

수 묶기

233

● 이웃한 두 수의 합이 ● 안의 수가 되도록 ○로 묶으시오.

31 30 2 21 10
21+10=31

① **18** 15 2 16 1
2+16=18

② **42** 20 22 31 2

③ **26** 20 16 1 25

④ **35** 1 33 2 34

⑤ **47** 10 37 20 45

⑥ **11** 10 1 2 8

⑦ **39** 10 19 20 29

⑧ **24** 1 15 10 14

⑨ **43** 40 2 42 1

⑩ **48** 38 20 28 10

⑪ **50** 48 2 38 1 0

● 이웃한 두 수의 합이 ● 안의 수가 되도록 ○로 묶으시오.

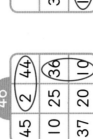

36
2	34
27	20	35
1	34	10	28
2+34=36
1+35=36

29
1	28
2	26	10	8
2	20	19	20
1+28=29
10+19=29

44
24	20	10	20
22	10	1	42
10	2
24+20=44
42+2=44

38
36	10
1	2	8
39	10	28	20

46
2	44	36
45	10	25	10
37	20

23
10	3	20
21	1	2
2	12	10

41
10	21	20
31	2	38
40	10	30

50
49	10
47	1	48
2	30	20	10

33
31	2	30
23	1	10
20	32	13

P.28 ● P.29

③ 주차

막대셈

234

● 선으로 이어진 두 수의 합을 구하시오.

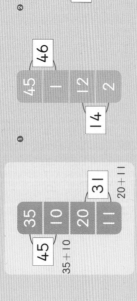

● 합이 가도록 두 수를 선으로 잇고, 합을 쓰시오.

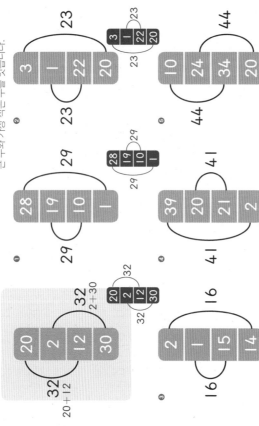
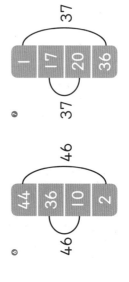
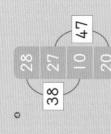
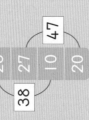
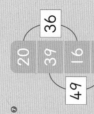
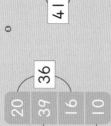

두 수를 연결한 선의 모양이 오른쪽과 왼쪽이 바뀌어도 됩니다. 가장 왼쪽의 가장 큰 수와 가장 작은 수를 이을 수 있습니다.

벌집셈

235

● 벌집 안 두 수의 합을 빈칸에 써넣으시오.

연결된 두 벌집 안의 수의 합을 구합니다.

❶ 10+32

| 36 | 42 | 42 |
20+16

| 16 | 32 | 41 |
| 20 | 10 | 1 |
27+20

| 47 | 26 | 33 |
16+10 32+1

❷ 23 34 48

| 43 | 21 | 14 | 38 |
| 2 | 20 | 10 |

45 41 24

❸ 48 14 49

| 39 | 47 | 12 | 29 |
| 1 | 2 | 20 |

40 49 32

❹ 37 41 41

| 22 | 17 | 40 | 31 |
| 20 | 1 | 10 |

42 18 50

❺ 28 45 46

| 26 | 18 | 25 | 44 |
| 10 | 20 | 2 |

36 38 27

● 벌집 안 두 수의 합에 알맞은 수를 빈칸에 써넣으시오.

❖ 2+27   20+8

| 34 | 29 | 28 |
10+24

| 13 | 24 | 27 | 8 |
| 10 | 2 | 20 |
13+10=23 27+20=47

| 23 | 26 | 47 |
24+2=26

● 벌집 안의 세 수부터 구합니다.

❶ 10+37 2+12

| 12 | 47 | 14 |
1+11

| 23 | 11 | 37 | 12 |
| 1 | 10 | 2 |
23+1=24 37+2=39

| 24 | 21 | 39 |
11+10=21

❷ 29 43 43

| 28 | 9 | 33 | 41 |
| 20 | 10 | 2 |

48 19 35

❸ 16 37 26

| 48 | 14 | 17 | 26 |
| 2 | 20 | 1 |

50 34 18

❹ 27 35 50

| 31 | 25 | 15 | 49 |
| 2 | 20 | 1 |

33 45 16

❺ 43 18 47

| 38 | 42 | 16 | 27 |
| 1 | 2 | 20 |

39 44 36

P.32 ● P.33

❸ 주차

P. 34 ● P. 35

도형 연결

236

가장 큰 수와 가장 작은 수, 그 다음 큰 수와 그 다음 작은 수 순으로 선으로 이어 보며 답을 확인합니다.

● 안의 수가 두 수의 합이 되도록 선으로 이으시오.

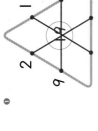

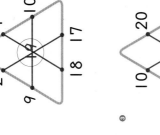

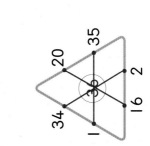

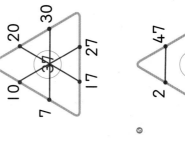

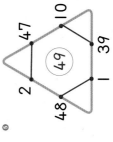

가장 큰 수와 가장 작은 수의 합을 구한 후 나머지 수들의 합을 함이 같도록 두 수씩 짝을 지어 있습니다.

● 이어진 두 수의 합이 모두 같도록 선으로 잇고, 합을 ○ 안에 써넣으시오.

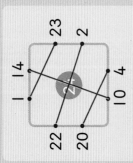

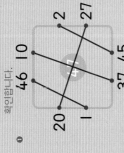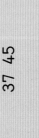

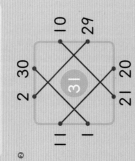

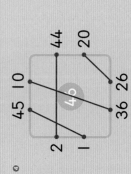

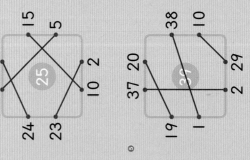

잘 공부했는지 알아봅시다

1 합이 같도록 두 수를 잇고, 합을 쓰시오.

❶

| 10 | 27 | 37 | 20 |

47 10+37=47

47
27+20=47

❷

| 46 | 2 | 1 | 47 |

48 46+2=48

48
1+47=48

2 이웃한 두 수의 합이 ○ 안의 수가 되도록 ○로 묶으시오.

❶

27

1	26	24
25	20	2
10	16	25

❷

33

2	23	32
12	10	2
20	32	1

3 벌집 안의 두 수의 합을 구한 것입니다. 빈칸에 알맞은 수를 써넣으시오.

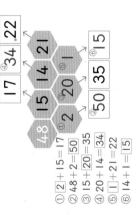

48	15	14	21	22
	17	34		
2	20	1		
50	35	15		

① 2+15=17
② 48+2=50
③ 15+20=35
④ 20+14=34
⑤ 1+21=22
⑥ 14+1=15

④ 주차

237

앙금앙금

● 계산에 맞게 그으시오.

● 계산에 맞게 그으시오.

31+2+10

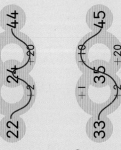

원 삼각형

● 삼각형으로 연결된 세 수의 합을 구하시오.

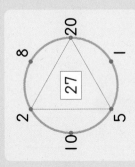

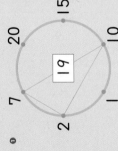

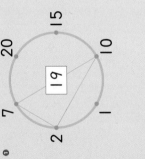

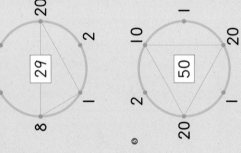

● 연결된 세 수의 합이 ▨ 안의 수가 되도록 삼각형을 그리시오.

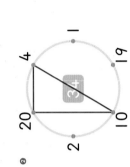

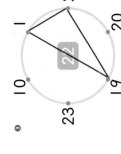

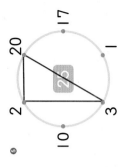

④ 주차

④ 주차

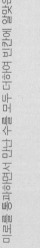

● 239 방 통과

● 미로를 통과하면서 만난 수를 모두 더하여 빈칸에 알맞은 수를 써넣으시오.

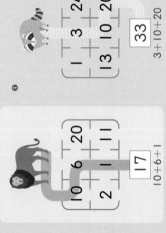

10 6 20
2 1 11
17
10+6+1

① 1 3 24
13 10 20
33
3+10+20

② 2 20 17
16 1 3
38
17+20+1

③ 16 2 13
20 10 25
46

④ 1 20 22
5 2 1
25

⑤ 2 9 1
10 20 14
39

● 밤 세 개를 통과하여 만난 수의 합이 ▇ 안의 수가 되도록 선을 그으시오.

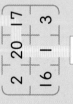

10 4 1 2
7 20 2
26
4+20+2

① 26 10
17 2
10
20
29
1+26+2

② 20 37
34 10 2
48
37+1+10

③ 18 4 20
2 10 26
30

④ 20 32 31
22 10
42

⑤ 25 2 31
20 7 10
29

240 사다리 타기

● 빈칸에 알맞은 수를 써넣으시오.

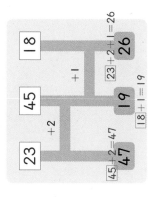

12 37 39
+1 +10
50 13 47
39+10+1   12+1   37+10

② 7 25 41
+20 +1
45 42 28

24 43 26
+2 +20
45 46 46

③ 34 33 17
+10 +2
29 44 35

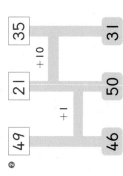

④ 48 29 32
+1 +2
35 49 31

⑤ 15 28 30
+20 +10
48 40 45

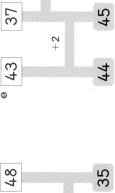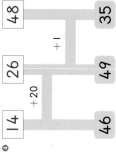

● 빈칸에 알맞은 수를 써넣으시오.

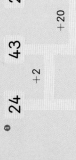

23 45 18
+2 +1
47 19 26
45+2=47   18+1=19   23+2+1=26

① 31 22 3
+10 +20
33 41 42
3+20+10=33   31+10=41   22+20=42

③ 28 11 46
+20 +2
31 48 50

⑤ 43 37 32
+2 +10
44 45 47

② 49 21 35
+1 +10
46 50 31

④ 14 26 48
+20 +1
46 49 35

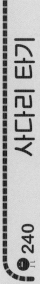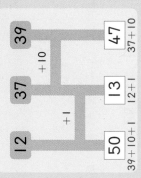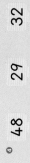

월 일

P. 46

④ 주차

잘 공부했는지 알아봅시다

| 월 | 일 |

1 관계있는 것끼리 선으로 이으시오.

37
40
41

16+1+20
2+28+10
10+30+1

40
37

2 연결된 세 수의 합이 ■ 안의 수가 되도록 삼각형을 그리시오.

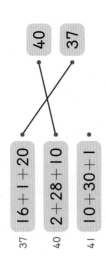

❶ 29 37 10 16 1 28 **37**

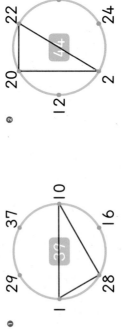

❷ 22 40 24 2 12 20 **44**

3 사다리 타기를 해 봅시다. 빈칸에 알맞은 수를 써넣으시오.

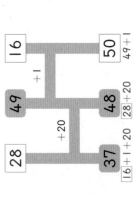

28   49   16

+20   +1

37   48   50

16+1+20   28+20   49+1

46

241 수 배열 빠른셈

수 배열표에서 구하는 수에 ○표 하고, 빈칸에 알맞은 수를 써넣으시오.

❶
$$23 \xrightarrow{-1} 22 \xrightarrow{-10} 13 \xrightarrow{-20} 3$$
$$23 \xrightarrow{-2} 21$$

❷
$$37 \xrightarrow{-1} 36 \xrightarrow{-10} 27 \xrightarrow{-20} 17$$
$$37 \xrightarrow{-2} 35$$

❸
$$30 \xrightarrow{-1} 29 \xrightarrow{-10} 20 \xrightarrow{-20} 10$$
$$30 \xrightarrow{-2} 28$$

❹
$$46 \xrightarrow{-1} 45 \xrightarrow{-10} 36 \xrightarrow{-20} 26$$
$$46 \xrightarrow{-2} 44$$

수 배열표와 식의 빈칸에 알맞은 수를 써넣으시오.

'—1'은 일의 자리 숫자가 1 작아지고 '—2'는 일의 자리 숫자가 2 작아집니다. '—10'은 십의 자리 숫자가 1 작아지고 '—20'은 십의 자리 숫자가 2 작아집니다.

❶
$$38 - 1 = 37 \qquad 38 - 10 = 28$$
$$38 - 2 = 36 \qquad 38 - 20 = 18$$

❷
$$36 - 1 = 35 \qquad 36 - 10 = 26$$
$$36 - 2 = 34 \qquad 36 - 20 = 16$$

❸
$$24 - 1 = 23 \qquad 24 - 10 = 14$$
$$24 - 2 = 22 \qquad 24 - 20 = 4$$

❹
$$49 - 1 = 48 \qquad 49 - 10 = 39$$
$$49 - 2 = 47 \qquad 49 - 20 = 29$$

5 주차

242 뛰어 빼기

● 조건에 맞게 빈칸에 알맞은 수를 써넣으시오.

8 9 10 11 **12**
1씩 작아집니다.

① 19 20 21 22 **23**
1씩 작아집니다.

② 18 20 22 24 **26**
2씩 작아집니다.

③ 30 32 34 36 **38**
2씩 작아집니다.

④ 5 15 25 35 **45**
10씩 작아집니다.

⑤ 2 12 22 32 **42**
10씩 작아집니다.

⑥ 6 26 **46**
20씩 작아집니다.

⑦ 10 30 **50**
20씩 작아집니다.

50

● 뺄셈을 하여 빈칸에 알맞은 수를 써넣으시오.

1, 2, 10, 20을 거꾸로 뛰어 세는 것은 각각 1, 2, 10, 20을 빼는 것과 같습니다.

17 18 19 **20**   −1 −1 −1 ⊕

① 30 31 32 **33**   −1 −1 −1

② 9 11 13 **15**   −2 −2 −2

③ 21 23 25 **27**   −2 −2 −2

④ 7 17 27 **37**   −10 −10 −10

⑤ 14 24 34 **44**   −10 −10 −10

⑥ 1 21 **41**   −20 −20

⑦ 9 29 **49**   −20 −20

수직선

243

● 수직선의 빈칸에 알맞은 수를 쓰고, 식을 완성하시오.

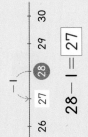

26 27 **28** 29 30
──1──

28 - 1 = 27

❶
39 **40** 41 **42** 43
──2──

42 - 2 = 40

❷
19 20 **21** 22 23
──2──

21 - 2 = 19

❸
41 42 43 **44** **45**
──1──

45 - 1 = 44

❹
33 **34** 35 **36** 37
──2──

36 - 2 = 34

❺
23 **24** 25 26 27
──1──

24 - 1 = 23

❻
44 45 46 47 **48**
──1──

48 - 1 = 47

❼
36 37 **38** 39 40
──2──

38 - 2 = 36

● 수직선의 빈칸에 알맞은 수를 쓰고, 식을 완성하시오.

❶
40 45 **50**
──10──

50 - 10 = 40

❸
27 30 35 **37**
──10──

37 - 10 = 27

⊕ 수직선에서 '-1'은 거꾸로 1칸, '-2'는 거꾸로 2칸, '-10'은 거꾸로 10칸, '-20'은 거꾸로 20칸 간 수입니다.

35 40 **45**
──10──

45 - 10 = 35

❷
15 20 **25**
──10──

25 - 10 = 15

❹
15 20 25 30 **35**
──20──

35 - 20 = 15

❺
20 **23** 25 30 35 40 **43** 45
──20──

43 - 20 = 23

5 주차

244 조각셈

다음은 수 배열표 조각입니다. 빈칸에 알맞은 수를 써넣으시오.

수 배열표에서 왼쪽으로 한 칸 갈 때마다 1씩 작아지고 위로 한 칸 갈 때마다 10씩 작아집니다.

①

| 25 | 26 | 27 |
| 7 |
| 17 |

②

| 28 | 29 | 30 |
| 10 |
| 20 |
| 42 | 43 | 44 |

③

| 31 | 32 | 33 |
| 13 |
| 23 |

④

27	28	29
9	19
45	46	47

⑤

| 46 | 47 | 48 |
| 28 |
| 38 |

⑥

| 37 | 38 | 39 |
| 19 |
| 29 |

⑦

| 43 | 44 | 45 |
| 25 | 35 |

수 배열표의 모양이 같습니다.

뺄셈을 하여 빈칸에 알맞은 수를 써넣으시오.

보기

| 30 | −20 | | 40 | −10 |
| 48 | 49 | 50 | −1 |
| −2 |

①

| 18 | −20 | | 28 | −10 |
| 36 | 37 | 38 | −1 |
| −2 |

②

| 25 | −20 | | 35 | −10 |
| 43 | 44 | 45 | −1 |
| −2 |

③

| 24 | 25 | 26 | −1 |
| 6 | −20 | | 16 | −10 |
| −2 |

④

| 22 | −20 | | 32 | −10 |
| 40 | 41 | 42 | −1 |
| −2 |

⑤

| 26 | −20 | | 36 | −10 |
| 44 | 45 | 46 | −1 |
| −2 |

⑥

| 23 | −20 | | 33 | −10 |
| 41 | 42 | 43 | −1 |
| −2 |

⑦

| 9 | −20 | | 19 | −10 |
| 27 | 28 | 29 | −1 |
| −2 |

⑧

| 17 | −20 | | 27 | −10 |
| 35 | 36 | 37 | −1 |
| −2 |

잘 공부했는지 알아봅시다

1 빈칸에 알맞은 수를 써넣으시오.

14 $\xrightarrow{-2}$ 16 $\xrightarrow{-2}$ 18 $\xrightarrow{-2}$ 20 $\xrightarrow{-2}$ 22

2 수직선의 빈칸에 알맞은 수를 쓰고 식을 완성하시오.

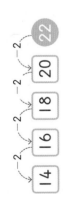

39   40   41   42   43

$42 - 2 = 40$

35   38   45   48

$48 - 10 = 38$

3 수 배열표의 조각의 빈칸에 알맞은 수를 써넣으시오.

5
15
23   24   25

17
27
35   36   37

P. 58 ● P. 59

6 주차

245 양과녁셈

● 왼쪽 과녁판의 점수에서 오른쪽 과녁판의 점수를 뺍니다. 점수를 구하시오.

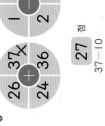

① 점
11
21−10

③ 점
41

⑤ 점
30

① 점
14
16−2

② 점
26

④ 점
33

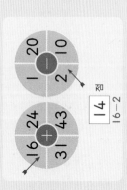

● 점수에 맞게 화살이 꽂힐 자리 두 군데에 ×표 하시오.

① 점
27
37−10

③ 점
48
49−1

⑤ 점
38
40−2

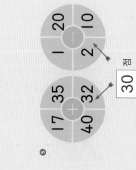

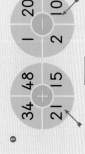
점
2
22−20

② 점
10
12−2

④ 점
25
35−10

246 이층 뺄셈

● 빈칸에 알맞은 수를 써넣으시오.

31	14	27	46
29	12	25	44

31-2 14-2 27-2 46-2

18	36	44	21
17	35	43	20

22	42	13	35
20	40	11	33

41	24	37	17
31	14	27	7

50	38	21	49
30	18	1	29

48	25	10	34
47	24	9	33

48-1 25-1 10-1 34-1

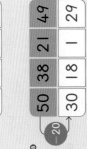

32	47	16	23
30	45	14	21

45	39	28	15
35	29	18	5

33	31	40	29
13	11	20	9

26	43	19	30
24	41	17	28

● 빈칸에 알맞은 수를 써넣으시오.

먼저 ○안의 수를 구합니다.

30-○=20이므로
○안의 수는 10입니다.

14-10=4 21-10 37-10

14	30	21	37
4	20	11	27

14-10

43	18	11	24
42	17	10	23

34	49	45	22
14	29	25	2

48	27	31	15
46	25	29	13

29	36	47	50
9	16	27	30

● 빈칸에 알맞은 수를 써넣으시오.

33-○=32이므로
○안의 수는 1입니다.

23-1 33 41 17

23	33	41	17
22	32	40	16

23-1

32	19	44	20
30	17	42	18

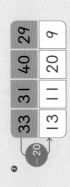

46	25	13	35
36	15	3	25

42	26	33	38
22	6	13	18

16	39	28	41
15	38	27	40

월 일

6 주차

P. 62 ● P. 63

6 주차

247 잎새 따기

● 계산 결과가 ● 안의 수와 다른 것을 찾아 /로 잎새를 따시오.

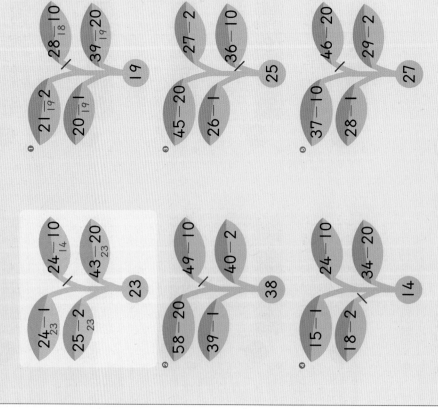

● 계산 결과가 다른 하나를 찾아 /로 잎새를 따시오.

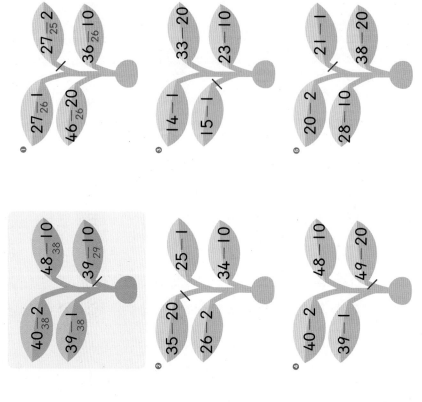

⑥ 주차

이동상자

248

● 빈칸에 알맞은 수를 써넣으시오.

24 —2 22 —10 12
24−2   22−10

18 —1 17 —2 15

30 —2 28 —20 8

34 —10 24 —2 22

41 —20 21 —1 20
41−20   21−1

47 —10 37 —20 17

43 —10 33 —1 32

29 —1 28 —10 18

월 일

● 빈칸에 알맞은 수를 써넣으시오.

45 —10 35 —20 15
45−□10□=35   35−□20□=15

48 —20 28 —1 27

50 —20 30 —2 28

40 —1 39 —20 19

36 —1 35 —2 33
36−□1□=35   35−□2□=33

28 —2 26 —10 16

32 —1 31 —10 21

31 —2 29 —10 19

P.64 • P.65

⑥ 주차

P. 66

잘 공부했는지 알아봅시다

월 일

1 빈칸에 알맞은 수를 써넣으시오.

① 39 —10→ 29 —2→ 27

② 18 —2→ 16 —1→ 15

2 빈칸에 알맞은 수를 써넣으시오.

①

—	2	10	20	1
33	31	23	13	32

②

—	1	20	2	10
47	46	27	45	37

47-20=27

3 계산 결과가 다른 하나를 찾아 /로 잎세를 따시오.

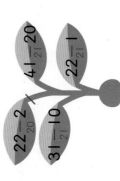

22-2 ₂₀ 41-20 ₂₁

31-10 ₂₁ 22-1 ₂₁

69

249 큰 수 작은 수

● 빈칸에 알맞은 수를 써넣으시오.

1 큰 수 = +1
1 작은 수 = −1
2 큰 수 = +2
2 작은 수 = −2
10 큰 수 = +10
10 작은 수 = −10
20 큰 수 = +20
20 작은 수 = −20

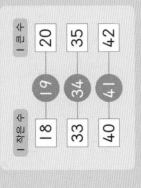

① 1 작은 수 / 1 큰 수

1 작은 수		1 큰 수
44	45	46
27	28	29
35	36	37

② 2 작은 수 / 2 큰 수

2 작은 수		2 큰 수
35	37	39
11	13	15
27	29	31

③ 10 작은 수 / 10 큰 수

10 작은 수		10 큰 수
12	22	32
30	40	50
8	18	28

④ 20 작은 수 / 20 큰 수

20 작은 수		20 큰 수
1	21	41
4	24	44
6	26	46

⑤ 10 작은 수 / 10 큰 수

10 작은 수		10 큰 수
22	32	42
7	17	27
29	39	49

● 빈칸에 알맞은 수를 써넣으시오.

 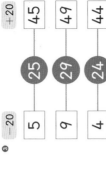 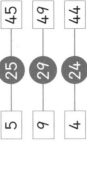  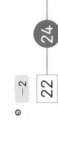 

① −2 / +2

−2		+2
21	23	25
39	41	43
17	19	21

② −1 / +1

−1		+1
39	40	41
36	37	38
27	28	29

③ −20 / +20

−20		+20
5	25	45
9	29	49
4	24	44

④ −10 / +10

−10		+10
26	36	46
8	18	28
17	27	37

⑤ −2 / +2

−2		+2
22	24	26
28	30	32
13	15	17

⑥ −1 / +1

−1		+1
10	11	12
39	40	41
35	36	37

월 일

7주차

대소셈

250

○ 안에 >, =, <를 알맞게 써넣으시오.

$14+20$ (>) 31
　　34

① $38-10$ (=) 28
　　28

② $32-2$ (>) 29

③ $42+2$ (=) 44

④ $27+1$ (>) 26

⑤ $43-20$ (<) 26

⑥ $46-10$ (<) 37

⑦ $39+10$ (>) 48

⑧ $41+1$ (=) 42

⑨ $23-1$ (<) 24

⑩ $15-2$ (<) 14

⑪ $20+20$ (=) 40

⑫ $35+2$ (>) 36

⑬ $47-20$ (>) 25

○ 안에 >, =, <를 알맞게 써넣으시오.

$42-2$ (=) $38+2$
　40　　　　40

① $22+10$ (>) $25-2$
　32　　　　　23

② $6+20$ (<) $47-10$

③ $38-10$ (<) $19+10$

④ $22-1$ (>) $18+2$

⑤ $19+2$ (=) $22-1$

⑥ $30+10$ (<) $43-2$

⑦ $45-20$ (>) $3+20$

⑧ $34-2$ (<) $25+10$

⑨ $29+10$ (=) $49-10$

⑩ $17+1$ (=) $38-20$

⑪ $46-1$ (>) $33+10$

⑫ $47-10$ (>) $35+1$

⑬ $33+2$ (>) $35-2$

네모 수직선

251

● 수직선의 빈칸에 알맞은 수를 쓰고, 식을 완성하시오.

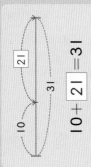

$10 + 21 = 31$

① $25 + 20 = 45$

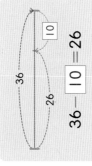② $1 + 14 = 15$

③ $19 + 2 = 21$

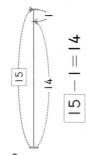④ $10 + 18 = 28$

⑤ $20 + 29 = 49$

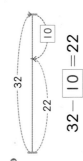⑥ $2 + 14 = 16$

⑦ $10 + 1 = 11$

● 수직선의 빈칸에 알맞은 수를 쓰고, 식을 완성하시오.

① $23 - 2 = 21$

② $15 - 1 = 14$

③ $42 - 20 = 22$

④ $32 - 10 = 22$

⑤ $47 - 10 = 37$

⑥ $39 - 20 = 19$

⑦ $21 - 2 = 19$

$36 - 10 = 26$

창문셈

252

덧셈, 뺄셈을 하여 빈칸에 알맞은 수를 써넣으시오.

①
```
40 - 10 = 30
|            |
+            +
2            2
=            =
42 - 10 = 32
```

③
```
11 + 20 = 31
|            |
+            +
2            2
=            =
13 - 2 = 11
```

⑤
```
28 + 10 = 38
|            |
+            -
20           10
=            =
48 - 20 = 28
```

②
```
36 + 10 = 46
=            =
-            -
10           20
25 - 1 = 24
24 + 10 = 34
```

④
```
43 - 10 = 31
=            =
-            -
2            10
41 - 2 = ...
43 - 2 = 41
```

➊ 빈칸에 알맞은 수 또는 +, -를 써넣으시오.

①
```
13 + 10 = 23
|            |
-            -
1            1
12 + 10 = 22
```

③
```
46 + 1 = 47
|            |
+            -
2            2
48 - 2 = 46
```

⑤
```
21 - 2 = 19
|            |
+            +
20           20
41 - 2 = 39
```

②
```
27 - 10 = 17
=            =
+            +
20           10
47 - 20 = 27
```

④
```
42 - 1 = 41
=            =
-            -
10           10
32 - 1 = 31
```

❶
```
35 - 1 = 34
=            =
+            +
2            1
37 - 2 = 35
```

잘 공부했는지 알아봅시다

월 일

1 빈칸에 알맞은 수를 써넣으시오.

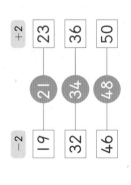

-2   +2

19 — 21 — 23

32 — 34 — 36

46 — 48 — 50

2 ○ 안에 >, =, <를 알맞게 써넣으시오.

① 47−2 $<$ 44+2
    45   46

② 22+10 $>$ 32−20
     32   12

3 빈칸에 알맞은 수 또는 +, −를 써넣으시오.

35 + 1 = 36

+   −   −

2   1   1

=   =   =

37 − 2 = 35

7 주차

8주차

253 카드 뽑기

● 수 카드 중 두 장을 사용하여 식을 완성하시오.

| 21 | 31 | 10 |

$31 - 10 = 21$

② 38 28 18

$18 + 20 = 38$

④ 29 30 32

$32 - 2 = 30$

⑥ 50 47 49

$49 + 1 = 50$

① 45 42 44

$42 + 2 = 44$

③ 25 35 36

$35 - 10 = 25$

⑤ 37 45 27

$27 + 10 = 37$

⑦ 13 23 43

$43 - 20 = 23$

78

● 다음 수 카드 중 두 장을 사용하여 식을 완성하시오.

| 1 | 2 | 10 | 20 |

$28 - 10 + 1 = 19$

① $48 - \boxed{20} - \boxed{2} = 26$

② $29 + \boxed{10} + \boxed{1} = 40$

③ $36 + \boxed{2} - \boxed{1} = 37$

④ $40 - \boxed{10} + \boxed{2} = 32$

⑤ $34 - \boxed{20} - \boxed{2} = 12$

⑥ $18 + \boxed{20} + \boxed{2} = 40$

⑦ $15 - \boxed{10} - \boxed{2} = 3$

⑧ $35 - \boxed{10} + \boxed{1} = 26$

⑨ $24 - \boxed{10} - \boxed{1} = 13$

⑩ $17 + \boxed{20} + \boxed{2} = 39$

⑪ $16 + \boxed{20} - \boxed{2} = 34$

⑫ $45 - \boxed{20} + \boxed{2} = 27$

254　연산자 넣기

● 계산에 맞게 선을 그으시오.

38 (+) 10 (-) 1 = 47
38+10-1=47

① 25 + 2 - 20 = 43
25-2+20=43

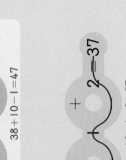
③ 30 + 10 + 1 = 41
30+10+1=41

⑤ 13 + 20 - 1 = 32
13+20-1=32

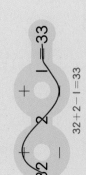
⑦ 41 - 1 - 10 = 30
41-1-10=30

② 40 - 1 - 2 = 37
40-1-2=37

④ 16 - 2 + 10 = 24
16-2+10=24

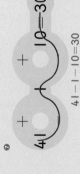
⑥ 32 + 2 - 1 = 33
32+2-1=33

● 계산에 맞게 ○안에 + 또는 -를 넣으시오.

24 (+) 20 (-) 2 = 42
24+20+2=46
24+20-2=42
24-20-2=2

① 18 (+) 1 (+) 2 = 21
18+1+2=21
18+1-2=17
18-1-2=15

② 37 (-) 1 (+) 10 = 46

③ 28 (+) 2 (-) 10 = 20

④ 40 (+) 1 (+) 2 = 43

⑤ 49 (-) 20 (+) 10 = 39

⑥ 11 (+) 20 (-) 1 = 30

⑦ 38 (-) 1 (-) 2 = 35

⑧ 21 (-) 10 (+) 20 = 31

⑨ 31 (+) 10 (+) 1 = 42

⑩ 47 (+) 1 (-) 20 = 28

⑪ 19 (+) 20 (-) 2 = 37

⑫ 41 (-) 2 (-) 1 = 38

⑬ 32 (-) 10 (+) 2 = 24

8 주차

모양셈

255

● 같은 모양은 같은 숫자, 다른 모양은 다른 숫자입니다. 빈칸을 채우시오.

[보기]

$15 + 10 = \boxed{25}$

$\boxed{25} + 1 = \boxed{26}$

$\boxed{26} - 2 = \boxed{24}$

① $32 - 20 = \boxed{12}$
$\boxed{12} + 10 = \boxed{22}$
$\boxed{22} + 20 = \boxed{42}$

② $43 + 1 = \boxed{44}$
$\boxed{44} - 20 = \boxed{24}$
$\boxed{24} + 10 = \boxed{34}$

③ $29 - 2 = \boxed{27}$
$\boxed{27} + 2 = \boxed{29}$
$\boxed{29} - 10 = \boxed{19}$

④ $36 - 10 = \boxed{26}$
$\boxed{26} + 2 = \boxed{28}$
$\boxed{28} - 1 = \boxed{27}$

⑤ $41 + 2 = \boxed{43}$
$\boxed{43} - 1 = \boxed{42}$
$\boxed{42} + 2 = \boxed{44}$

월 일

◆ 가 나타내는 수를 □ 안에 써넣으시오.

[보기]

$8 + 20 = 28$ (♣ 28)
$- 2 + 1 = 27$ (♠ 27)
$+ 20 + 2 = 49$ (♦ 49)
◆ $= \boxed{49}$

① $47 - 1 = $ (♣ 46)
$- 2 - 10 = $ (♠ 34)
$+ 2 + 1 = $ (♦ 37)
◆ $= \boxed{37}$

② $34 - 10 = $ (♣ 24)
$+ 20 - 1 = $ (♠ 43)
$- 2 - 20 = $ (♦ 21)
◆ $= \boxed{21}$

③ $28 + 2 = $ (♣ 30)
$+ 10 + 10 = $ (♠ 50)
$- 10 + 1 = $ (♦ 41)
◆ $= \boxed{41}$

④ $45 + 1 = $ (♣ 46)
$- 2 - 2 = $ (♠ 42)
$+ 1 + 2 = $ (♦ 45)
◆ $= \boxed{45}$

⑤ $39 + 10 = $ (♣ 49)
$- 1 - 20 = $ (♠ 28)
$+ 10 - 2 = $ (♦ 36)
◆ $= \boxed{36}$

약속셈

256

약속에 맞게 계산한 것입니다. 빈칸에 알맞은 수를 써넣으시오.

약속
■ ● ● = ■ + ● + ●

$27 ● 2 = 27 + 2 + 2$
$= 31$

$13 ● 10 = 13 + 10 + 10$
$= 33$

①

약속
■ ◆ ● = ■ + ■ + ●

$20 ◆ 1 = 20 + 20 + 1$
$= 41$

$10 ◆ 2 = 10 + 10 + 2$
$= 22$

②

약속
■ ● ● = ■ - ● - ●

$39 ● 10 = 39 - 10 - 10$
$= 19$

$41 ● 2 = 41 - 2 - 2$
$= 37$

③

약속
■ ▲ ● = ■ + ■ - ●

$10 ▲ 1 = 10 + 10 - 1$
$= 19$

$20 ▲ 10 = 20 + 20 - 10$
$= 30$

약속에 맞게 계산하시오.

①

약속
■ ● ● = ■ ● ●

$37 ● 2 = 33$ $\quad 37-2-2$
$45 ● 10 = 25$ $\quad 45-10-10$

②

약속
■ ◆ ● = ■ + ● + ●

$10 ◆ 1 = 21$ $\quad 10+10+1$
$20 ◆ 2 = 42$ $\quad 20+20+2$

③

약속
■ ▲ ● = ■ + ● - ●

$20 ▲ 1 = 39$ $\quad 20+20-1$
$10 ▲ 2 = 18$ $\quad 10+10-2$

④

약속
■ ● ● = ■ + ● + ●

$17 ● 2 = 21$ $\quad 17+2+2$
$26 ● 10 = 46$ $\quad 26+10+10$

⑤

약속
■ ● ● = ■ ● ●

$46 ● 10 = 26$ $\quad 46-10-10$
$15 ● 1 = 13$ $\quad 15-1-1$

⑥

약속
■ ● ● = ■ + ● + ●

$20 ● 1 = 22$ $\quad 20+1+1$
$18 ● 10 = 38$ $\quad 18+10+10$

월 일

P.84 • P.85

⑧ 주차

⑧ 추차

잘 공부했는지 알아봅시다

월 일

1 다음 수 카드 중 두 장을 사용하여 식을 완성하시오.

❶ 34 − 10 + 1 = 25

❷ 46 + 2 − 20 = 28

2 같은 모양은 같은 숫자, 다른 모양은 다른 숫자입니다. 빈칸을 채우시오.

16 + 2 = ⑱

⑱ + 10 = 28

28 − 20 = ◇8◇

3 약속에 맞게 계산하시오.

약속

20 ⊙ 1 = 22

20 ⊙ 1 = 20 + 1 + 1 = 22

86

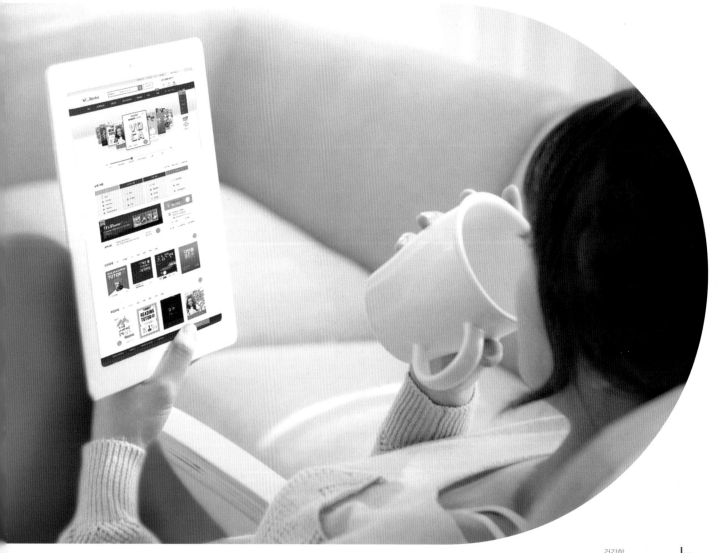